MARCO POLO

Schweden

Reisen mit **Insider Tipps**

Diesen Band schrieb Clemens Bomsdorf.
Er hat lange Zeit in Schweden gelebt
und berichtet als Korrespondent für diverse
Medien über Nordeuropa.

www.marcopolo.de

Infos zu den beliebtesten Reisezielen
im Internet, siehe auch Seite 108

SYMBOLE

MARCO POLO INSIDER-TIPPS:
Von unserem Autor für Sie entdeckt

★ **MARCO POLO HIGHLIGHTS:**
Alles, was Sie in Schweden kennen sollten

HIER HABEN SIE EINE SCHÖNE AUSSICHT

WO SIE JUNGE LEUTE TREFFEN

PREISKATEGORIEN

Hotels

€€€	über 130 Euro
€€	70–130 Euro
€	unter 70 Euro

Die Preise gelten für zwei Personen im Doppelzimmer mit Frühstück.

Restaurants

€€€	über 20 Euro
€€	14–20 Euro
€	unter 14 Euro

Die Preise gelten für eine Hauptspeise zum Abendessen.

KARTEN

[120 A1] Seitenzahlen und Koordinaten für den Reiseatlas Schweden

[U A1] Koordinaten für die Karte Stockholm im hinteren Umschlag

[O] außerhalb der Stockholmkarte

Zu Ihrer Orientierung sind auch die Orte mit Koordinaten versehen, die nicht im Reiseatlas eingetragen sind.

GUT ZU WISSEN

Schwedenkrimi **10** · Schwedische Spezialitäten **20** · Metro **36**
Snusen erlaubt **61** · Literaturtipps **77** · Samen **90**

INHALT

Die wichtigsten
MARCO POLO Highlights

Sehenswürdigkeiten, Orte und Erlebnisse, die Sie nicht verpassen sollten

1 Gamla Stan
Das historische Zentrum der Hauptstadt versprüht mit seinen alten Häusern den Charme vergangener Jahrhunderte (Seite 28)

2 Vasamuseet
Nach mehr als 300 Jahren auf dem Meeresgrund liegt das Kriegsschiff Vasa jetzt in einem der bedeutendsten Museen Schwedens (Seite 31)

3 Schloss Gripsholm
Idyllische Szenerie: das berühmte Schloss am See Mälaren (Seite 36)

4 Stockholmer Schären
Tausende von Felsinseln liegen in der Ostsee vor den Toren der Hauptstadt (Seite 36)

5 Fårö
Die Wahlheimat Ingmar Bergmans ist eine Trauminsel vor Gotland (Seite 40)

6 Visby
Schwere Stein- statt roter Holzhäuser – die mittelalterlichen Wurzeln der Hansestadt sind nicht zu übersehen (Seite 40)

7 Kalmar
Über der alten Handelsstadt thront ein prächtiges Renaissanceschloss (Seite 44)

Romantisch: Schloss Gripsholm

Steinalt: Felszeichnungen in Tanum

8 Rooseum
Hoch spannende Kunst im alten Elektrizitätswerk von Malmö (Seite 47)

9 Göteborger Hafengebiet
Schlendern und schauen im ehemaligen Industrieviertel mit dem schwimmenden Schifffahrtsmuseum (Seite 52)

10 Tanums Hällristningar
Kunst im Stein: Vor Jahrtausenden ritzten unsere Vorfahren Zeichnungen in Felsen (Seite 56)

11 Linnés Hammarby
Verführerisches Pflanzenparadies zwischen Uppsala und Stockholm (Seite 70)

12 Carl Larsson Gården
Ein idyllisches Plätzchen: das ehemalige Wohnhaus des berühmten schwedischen Malers Carl Larsson (Seite 76)

13 Högakustenleden
Schöne Ausblicke auf Meer und Berge bietet der Wanderweg Hohe Küste (Seite 79)

Quicklebendig: Göteborger Hafen

14 Abisko-Nationalpark
Tagelange Wander- und Skitouren unter dem weiten Himmel von Lappland (Seite 87)

15 Vindelälvsdalen
Ein Traum für Naturfreunde: Wildwasserfahrten im Tal des Vindelälv (Seite 91)

★ *Die Highlights sind in der Karte auf dem hinteren Umschlag eingetragen*

Entdecken Sie Schweden!

Schären, dichte Wälder und jede Menge Schlösser bezaubern im hohen Norden Europas

Die meisten Besucher kennen Schweden bereits aus ihrer Kindheit und Jugend, und zwar als das Land von Michel, Nils Holgersson und Pippi Langstrumpf. Wer hätte damals nicht Astrid Lindgrens Romane von der lebendigen Pippi und ihren etwas biederen Freunden Annika und Tommy gelesen oder in den Geschichten von den Kindern aus Bullerbü und Michel geschmökert – der in Schweden übrigens Emil heißt. Ähnlich bekannt ist Selma Lagerlöfs Kinderbuch von der wunderbaren Reise des kleinen Nils Holgersson mit den Wildgänsen. Der Bauernsohn verwandelt sich in einen Däumling und bereist auf den Rücken der Vögel sein Land von Süd nach Nord.

Genau diese Route sollten auch Sie wählen, wenn Sie das lang gestreckte Land im hohen Norden Europas in all seinen Facetten kennen lernen wollen. Vom Südzipfel bei Trelleborg bis hinauf nach Karesuando an der nördlichen Grenze zu Finnland sind es rund 2000 km. Dabei wohnen nur knapp 9 Mio. Menschen in Schweden – es ist also viel Platz für die unberührte Natur, in der viele frei lebende Tiere

Schweden ist ein Anglerparadies

Die Strömgatan in Stockholm

wie Elche und Rene zu Hause sind. 1909 beschloss das schwedische Parlament, Teile der insgesamt 25 schwedischen Landschaften unter besonderen Schutz zu stellen. So entstanden die ersten Nationalparks Europas. Die meisten Parks werden von Wanderwegen durchzogen wie dem rund 500 km langen Kungsleden, der vom Abisko-Nationalpark bis nach Südlappland führt.

Es gibt viele Gründe, das Land zu lieben. Manche schätzen insbesondere die Werte der schwedischen Gesellschaft, die noch an einem Gleichheitsideal festhält, das andere Nationen längst aufgegeben haben. Andere preisen vor allem die landschaftlichen Vorzüge. Besonders Aktivurlauber fühlen sich in Schweden wohl. In den Weiten

Geschichtstabelle

Um 12 000 v. Chr.–6000 v. Chr. Anfang vom Ende der Eiszeit in Schweden. Das Land wird besiedelt

2500 v. Chr. Jüngere Steinzeit. Grabhügel stammen aus dieser Zeit

1500 v. Chr. Bronzezeit. Felszeichnungen entstehen

800–1050 n. Chr. Wikingerzeit. Die Schweden gehen auf Feldzüge bis zum Schwarzen Meer

1000–1350 Das in Provinzen zersplitterte Land wird zum Königreich geeint, Christianisierung

1300–1600 Während der Hansezeit nimmt der Ostseehandel rapide zu. Visby auf Gotland wird eine der wichtigsten Städte

1397 Beginn der Kalmarer Union, in der Schweden, Norwegen und Dänemark sich vereinen

1523–60 Gustav Vasa legt die Fundamente für den Nationalstaat – die Besitztümer der Kirche werden konfisziert, die Erbmonarchie wird eingeführt, und die protestantische Reformation hält Einzug

1630–1721 Schweden steigt zur Großmacht auf. Finnland sowie Teile des heutigen Deutschland und Baltikum gehören ebenfalls zum Königreich

1810 Der französische Marschall Jean Baptiste Bernadotte wird schwedischer König. Er zwingt Norwegen 1814 zu einer Union mit Schweden

1905 Norwegen löst die Union friedlich

1932 Amtsantritt der ersten sozialdemokratischen Regierung, Aufbau des Wohlfahrtsstaates

1939–45 Während des Zweiten Weltkriegs ist Schweden neutral, verdient jedoch prächtig, u. a. durch die Lieferung von Stahlerzeugnissen nach Deutschland

1973 Carl XVI. Gustaf wird König, 1976 heiratet er die Deutsche Silvia Sommerlath

1975 Gemäß der neuen Verfassung hat der Monarch nur noch repräsentative Funktion

1986 Ministerpräsident Olof Palme wird auf offener Straße in Stockholm erschossen

1995 Schweden tritt der Europäischen Union bei

2003 Außenministerin Anna Lindh wird in einem Stockholmer Kaufhaus erstochen. In einer Volksabstimmung lehnt die Mehrheit die Einführung des Euro ab

2005 Mit einem großen Festprogramm wird der Auflösung der Union mit Norwegen vor 100 Jahren gedacht

Der kleine Fischerhafen Bönhamn in Ångermanland

der nördlichen Fjälle können Naturbegeisterte tagelange Skitouren oder Wanderungen unternehmen, die vielen Flüsse des Landes ziehen Kanufahrer an. Wer es entspannter mag, kann in den dichten Wäldern schön spazieren gehen oder Pilze und Beeren sammeln.

Während die weiten Felder des südlichen Schonen (Skåne) an Norddeutschland und das benachbarte Dänemark erinnern, gleichen große Teile Lapplands im äußersten Norden Schwedens einer Steppe. Dazwischen liegt ein knappes Dutzend Landschaften, die alle ihren eigenen Reiz haben.

Småland, nördlich von Skåne gelegen, könnte auch Astrid-Lindgren-Land genannt werden. Die Kinderbuchautorin siedelte viele ihrer Geschichten in dieser Gegend an. Hier stehen die typischen Bauernhöfe aus roten Holzhäusern – die Heimat von Michel und den Kindern aus Bullerbü. In der Hauptstadt Stockholm sind nicht nur zahlreiche historische Bauten wie das Schloss und die Altstadt sehenswert, sondern Sie können auch jede Menge Museen und Galerien besuchen. Selbst Naturliebhaber kommen in Stockholm auf ihre Kosten. Zu jeder Jahreszeit lohnt ein Spaziergang in einem der vielen Parks, und in den Schären vor den Toren der Stadt warten mehr als 20 000 Inseln darauf, entdeckt zu werden – egal ob auf dem Kajak, dem Segelboot oder einem Ausflugsschiff.

» Die typisch roten Holzhäuser im Astrid-Lindgren-Land «

Nicht nur die Landschaften, auch die Bewohner verändern sich auffallend im Wechsel der Jahreszeiten. Die Unterschiede zwischen Sommer und Winter sind in Schweden wegen der nördlichen Lage viel ausgeprägter als in Mitteleuropa. Dieser extreme Wetterwechsel be-

Schwedenkrimi

Mit Sjöwall/Wahlöö fing alles an

Die Kommissare heißen Beck, Wallander oder Veeteren und ermitteln zumeist in schrecklichen Mordfällen. Im Zuge der Aufklärung wird klar, dass Schweden längst nicht das soziale Paradies ist, für das es viele halten. Gewalt, Raffgier und Menschenhandel hat auch der so viel gerühmte Sozialstaat nicht verhindern können. Das ist der gesellschaftskritisch-melancholische Grundtenor, den fast alle Bücher der Gattung Schwedenkrimi gemein haben. Das Autorenehepaar Maj Sjöwall und Per Wahlöö hat dieses Genre Mitte der 1960er-Jahre mit den Kommissar-Beck-Büchern begründet. Die bekanntesten Nachfolger der beiden sind die Autoren Arne Dahl, Henning Mankell, Liza Marklund und Håkan Nesser. So unterschiedlich sie auch schreiben mögen, alle liefern prima Unterhaltung im minimalistischen Stil.

einflusst auch das Gemüt. Im Winter sind die Schweden am liebsten zu Hause. Sobald sich aber im Frühjahr die Sonne wieder ein paar Stunden am Tag zeigt, strömt alles in die Parks und Fußgängerzonen. Dort, wo noch genügend Schnee und Eis liegen, schnallen die Schweden ihre Schlittschuhe und Langlaufskier an und begeben sich auf stundenlange Touren durch die verschneite Natur. Gäste sind bei solchen Trips natürlich jederzeit willkommen.

» Tagelange Wanderungen und Skitouren «

In den Sommermonaten leben die Schweden ihre Begeisterung für das *friluftsliv*, das Freiluftleben, in vollen Zügen aus. Dann verbringen sie so viel Zeit wie möglich an der frischen Luft. Gut, dass es auch mitten in den Städten jede Menge Strände und Parks gibt, sodass nirgendwo Gedränge herrscht. Lediglich an *midsommar* (Mittsommernacht) im Juni, dem höchsten Feiertag des Jahres, kann es schon mal voller werden. Ansonsten gehen die Schweden nur ungern auf Tuchfühlung. Nicht nur am Strand schätzen sie es, genügend Abstand zum Nachbarn zu haben. Die *stuga* – das kleine, zumeist hölzerne Ferienhäuschen – ist in ihren Augen erst dann perfekt gelegen, wenn das Nachbarhaus außer Sicht- und Hörweite ist.

Der schwedische Hang zur Distanziertheit zeigt sich auch in politischer Hinsicht. Der Europäischen Union, der das skandinavische Land 1995 beigetreten ist, steht die Bevölkerung skeptisch gegenüber, die Einführung der Gemeinschaftswährung Euro haben die Schweden 2003 in einem Referendum abgelehnt. Zwar duzen sich in dem stark sozialdemokratisch geprägten Land alle, die Menschen sind außerdem gastfreundlich und äußerst hilfsbereit, aber bevor Sie in einer Kneipe oder beim Hotelfrühstück ein ausführliches Gespräch mit einem Unbekannten anfangen, sollten Sie sich das lieber dreimal überlegen.

Fremde, die sich lautstark aufführen und diskutieren, machen sich schnell unbeliebt. In Schweden gilt das Prinzip des *lagom,* ein unübersetzbares Wort, das im Grunde genommen besagt, dass es stets die beste Lösung ist, nicht aufzufallen. Schweden scheuen Konfrontationen und mögen es nicht, wenn jemand seinen Reichtum zur Schau trägt oder die anderen spüren lässt, dass er sich für etwas Besseres hält.

»Die Schweden gehen nur ungern auf Tuchfühlung«

Umgekehrt sind neben den Politikern auch die Bürger Schwedens davon überzeugt, dass die Welt eine bessere wäre, würden sich alle nach schwedischen Idealen richten. Das heißt vor allem soziale Wohlfahrt für alle und militärische Zurückhaltung in internationalen Krisensituationen. Der personifizierte Ausdruck dieser Politik war der ehemalige sozialdemokratische Ministerpräsident Olof Palme, der 1986 ermordet wurde. Jeder Personenkult liegt den Schweden fern. Zwar ist man stolz auf international beachtete Landsleute wie den Regisseur Ingmar Bergman, den Krimiautor Henning Mankell und die mit olympischem Gold gekrönte Siebenkämpferin Carolina Klüft. Daheim werden sie jedoch als ganz normale Staatsbürger betrachtet, nach denen sich auf der Straße kaum jemand umdreht.

Während viele Industrielle wie der Ikea-Gründer Ingvar Kamprad ihr Land wegen der hohen Steuern längst verlassen haben, zieht die Prominenz aus Film, Kultur und Sport allenfalls zwischenzeitlich aus ihrem Heimatland weg. Wer einmal in Schweden Urlaub gemacht hat, der weiß, wieso es einen immer wieder hierherzieht.

Schärenwelt: Schweden, Land der Wälder und Seen

Hightech, Ikea und Schwedenpop

Die Schweden sind technik- und musikbegeistert – und auf ihr Königshaus lassen sie nichts kommen

Gleichheit

In Schweden spielt Egalität eine besonders große Rolle. Zahlreiche Gesetze und Erlasse schreiben vor, dass allen Menschen, unabhängig von Herkunft, Religion und Geschlecht, die gleichen Chancen eingeräumt werden müssen. Die fast ungebrochene Macht der Sozialdemokraten seit Ende des Zweiten Weltkrieges hat neben der Arbeiter- auch die Frauenbewegung stark gemacht. Diese langjährige Praxis der Gleichstellung hat dazu geführt, dass die Klassenunterschiede geringer sind als etwa in Deutschland oder Frankreich und dass Frauen deutlich stärker ins Erwerbsleben integriert sind. Beim Militär sind sie eine Selbstverständlichkeit, in Parlament und Regierung stellen sie etwa die Hälfte der Mitglieder.

Soziale Schichten sind in Schweden kaum zu unterscheiden. Die Mittelklasse ist noch dominanter als in den meisten anderen europäischen Ländern. Zwar existiert auch hier eine Oberschicht, doch diese trägt ihren Reichtum in der Öffentlichkeit so gut wie nie zur Schau – nach Luxussportwagen und Pelzmantelträgerinnen muss man lange Ausschau halten. Dass sich alle mit Vornamen und dem informellen »Du« anreden, verstärkt noch das Gleichheitsgefühl.

Repräsentativ: Das Königliche Schloss umfasst 500 Räume im Barock- und Rokokostil

Hightech

Kaum ein anderes europäisches Land ist so technikbegeistert wie Schweden: Jung und Alt nutzen ganz selbstverständlich das Internet und die neuesten Mobilfunkstandards. In einem dünn besiedelten Land wie Schweden ist es wichtig, auch von zu Hause aus arbeiten zu können, weil die Fahrt in die nächste größere Stadt lange dauern kann. Mittlerweile kann die Steuererklärung per SMS abgegeben werden, viele Rechnungen trudeln nur noch auf elektronischem Wege ein, und selbst Kinder kommunizieren mit ihren Freunden per Videokonferenz übers Handy. Kein Wunder, dass es in Schweden mittlerweile sogar eine Internetpartei gibt, die über ihr Programm basisdemokratisch von allen Mitgliedern per Internet abstimmen lässt.

Ikea

Ingvar Kamprad vom Hof Elmtaryd im Dorf Agunnaryd war keine 18

Jahre alt, als er im Sommer 1943 den Grundstein für die heute wohl bekannteste Möbelhauskette der Welt legte: Ikea. Die Initialen seines Namens und seiner Herkunft bildeten den Firmennamen. Das etwas andere Möbelhaus gibt es heute in allen Ecken der Welt. Schlichtes Design und preiswerte Qualität kommen eben überall gut an. Ikea-Möbel sind deshalb so billig, weil dasselbe Modell in enormen Stückzahlen hergestellt wird und die Käufer die Waren nicht nur selber abholen, sondern auch selber zusammenbauen. Größter Absatzmarkt ist Deutschland. Doch schon in wenigen Jahren soll – so die Ikea-Manager – China die Spitzenposition einnehmen. Im Jahr 2005 wurde der Ikea-Gründer Ingvar Kamprad von der amerikanischen Zeitschrift Forbes mit einem Vermögen von umgerechnet 23 Mia. US-Dollar zum sechstreichsten Mann der Welt gekürt.

Jedermannsrecht

Prinzipiell darf sich in Schweden jeder frei in der Natur bewegen, auch auf Privatgrundstücken. Das regelt das so genannte *allemansrätten* (Jedermannsrecht). Gerade wegen dieser Freiheit ist es besonders wichtig, sich an die wenigen Einschränkungen zu halten, um die Natur zu bewahren. Lagerfeuer etwa sind im Wald (Brandgefahr) und auf Felsen (Bruchgefahr) grundsätzlich nicht gestattet. Das Pflücken geschützter Pflanzen ist ebenso untersagt wie das Fällen von Bäumen. Schilder mit dem Hinweis »Betreten verboten« kommen nur selten vor, doch wenn, dann sollten sie beachtet werden. Es empfiehlt sich, das Jedermannsrecht zu studieren, bevor es in die schwedische Natur geht. Dort steht nicht nur, was erlaubt ist und was nicht, die Bestimmungen sind auch ein Stück Kulturerbe, das viel über das Selbstverständnis der Schweden aussagt.

Königshaus

Schweden ist zwar seit dem 16. Jh. eine Erbmonarchie, doch der König nimmt nur noch repräsentative Aufgaben wahr. Politische Macht hat er seit der Verfassungsänderung von 1975 keine mehr. Der derzeitige Regent Carl XVI. Gustaf und seine aus Deutschland stammende Frau Silvia genießen im Land hohes Ansehen. Allerdings muss der Herrscher sich immer wieder nach rhetorischen Fehltritten rechtfertigen. Engagierte Bürger haben sich zusammengetan und fordern die Abschaffung der Monarchie, weil sie diese für ein Relikt aus vergangenen Zeiten halten.

Doch trotz der Ausgaben für die Königsfamilie profitiert das Land finanziell vom Herrscherhaus. Das gute Image der Königsfamilie im Ausland fördere, so behaupten jedenfalls Ökonomen, den Verkauf von Ericsson-Mobiltelefonen und locke Touristen ins Land. Die schwedischen Medien behandeln die Königsfamilie äußerst rücksichtsvoll. Wer Skandalgeschichten über Thronfolgerin Victoria sowie ihre Geschwister Carl Philip und Madeleine lesen möchte, muss zur deutschen Klatschpresse greifen.

Lindgren, Astrid

Beim Thema Kinderliteratur fällt einem neben den großen Märchenerzählern sofort Astrid Lindgren ein. Die 1907 in Vimmerby geborene Autorin hat so verrückte Kinder

Astrid Lindgrens Värld: Märchendorf in Lindgrens Heimatort Vimmerby

wie Michel aus Lönneberga, Pippi Langstrumpf oder Kalle Blomquist erfunden und für ihre liebenswert-phantasievollen Geschichten weltweit Anerkennung bekommen. Trotzdem blieb ihr die höchste Auszeichnung, der Nobelpreis für Literatur, verwehrt. Lindgren erreichte auch dadurch Berühmtheit, dass sie in einem Jahr mehr Steuern zahlen sollte, als sie Geld verdient hatte. Trotz ihres Wohlstandes blieb die Schriftstellerin stets bescheiden. Sie lebte bis zu ihrem Tod im Jahr 2002 in einer kleinen Wohnung in Stockholm.

Nobelpreis

Neben Astrid Lindgren und dem Regisseur Ingmar Bergman ist Alfred Nobel (1833–96) sicherlich der berühmteste Schwede. Zu Lebzeiten kam er als Erfinder und Industrieller zu Vermögen und Ansehen. Seine bekannteste wissenschaftliche Leistung war die Erfindung des Dynamits, das die moderne schwedische Waffenindustrie begründet hat. Nobel verstand seine Erfindung als Beitrag zur Sicherung des Weltfriedens. Weltweit berühmt wurde er erst nach seinem Tod als Stifter der nach ihm benannten Nobelpreise. Seit 1901 werden alljährlich die »größten Leistungen für die Menschheit« auf den Gebieten der Literatur, der Medizin oder Physiologie, der Biologie, der Chemie und der Friedenssicherung mit jeweils 10 Mio. Schwedischen Kronen (ca. 1,1 Mio. Euro) bedacht. Das international hohe Renommee des Nobelpreises stammt allerdings weniger von der stattlichen Preissumme als von der langen Tradition der Vergabe. Die Auswahl der Preisträger ist häufig umstritten gewesen. Als im Jahr 2004 die Österreicherin Elfriede Jelinek den Nobelpreis für Literatur erhielt, wurde der Vorwurf laut, ein Großteil der Juroren hätte ihre Werke gar nicht gelesen.

Personnummer

Ohne die *personnummer* ist man in Schweden ein Niemand. Die zehnstellige Zahl, die sich aus dem Geburtsdatum sowie vier weiteren Ziffern zusammensetzt, wird benötigt, um ein Konto zu eröffnen, mit der Kreditkarte einzukaufen oder einen Mobiltelefonvertrag abzuschließen. Datenschutz wird in Schweden klein geschrieben: Wer Name und Adresse einer Person kennt, kann deren *personnummer* erfragen und damit z. B. deren Steuerzahlungen abfragen. Das mag erschreckend klingen, hat aber auch den Vorteil, dass den Politikern und Managern viel leichter auf die Finger geschaut werden kann. Einmal im Jahr veröffentlichen etliche Zeitungen Aufstellungen über das Vermögen berühmter Schweden und deren zu versteuerndes Einkommen im Vorjahr.

Schwedenpop

Seit im April 1974 das bis dahin im Ausland weitgehend unbekannte Quartett Abba mit dem Song »Waterloo« den Grand Prix d'Eurovision de la Chanson gewonnen hat, sind Abba und Schweden aus dem internationalen Musikgeschäft nicht mehr wegzudenken. Die vierköpfige Band hat mehr als 300 Mio. Platten verkauft – nur die Beatles bringen es auf noch mehr Plattenverkäufe. Nach dem Erfolg von Abba betraten zahlreiche weitere schwedische Musiker wie Cardigans, Roxette und Eagle Eye Cherry die Musikbühne. Heute verdienen nur Großbritannien und die USA im Musikgeschäft mehr Geld als Schweden.

Basis des schwedischen Popwunders ist die gute Ausbildung der Musiker. Auch in ländlichen Gegenden sind staatlich subventionierte Musikschulen weit verbreitet. Zudem sprechen die Schweden überdurchschnittlich gut Englisch und haben deshalb auch keine Probleme, in der Weltsprache der Popmusik zu singen. Zu den vielen Bands kamen bald Produzenten,

Bergwerk in Kiruna: Seit einem Vierteljahrtausend wird hier Erz abgebaut

Tonstudios und CD-Hersteller. Diese arbeiten längst nicht mehr nur für heimische Musiker. Videos von Madonna wurden von Schweden produziert, Britney Spears' Hit »Baby, one more time« hat der Schwede Max Martin geschrieben.

Schwedenstahl

Spätestens die auch äußerlich massiv wirkenden Autos von Volvo haben den Ausdruck »Schwedenstahl« zum geflügelten Wort gemacht. Es steht ebenso für die große Wirtschaftskraft des Landes wie für politische Verwicklungen. Das in Nordschweden aus riesigen Gruben zu Tage geförderte Eisenerz ist zur Stahlherstellung schon seit langem ein Exportschlager. Nach dem Zweiten Weltkrieg musste sich das neutrale Schweden vorwerfen lassen, zu lange die Deutschen mit seinen Stahlerzeugnissen beliefert zu haben. In den Jahrzehnten nach Kriegsende verhalf der Schwedenstahl der schwedischen Autoindustrie zum Aufschwung.

Mittlerweile gehören Saab und Volvo den amerikanischen Herstellern GM und Ford. Mit dem robusten und vermutlich verkaufsfördernden Image des Schwedenstahls bleiben sie aber bis heute verknüpft. Angeblich stammt auch der Ausdruck »schwedische Gardinen« daher, dass der harte Schwedenstahl sich bestens zur Herstellung von Gittern für Gefängnisfenster eignet.

Wallenberg

Schwedens zweite Erbmonarchie bildet seit rund 150 Jahren die Industriellenfamilie Wallenberg. Niemand ist in der schwedischen Wirtschaft so mächtig wie die Wallenbergs – auch wenn die schwedischen Besitzer von Ikea, der Modekette H & M sowie der Gründer des Getränkeverpackungsherstellers Tetrapak um einiges reicher sind. An kaum einem schwedischen Weltunternehmen besitzen die Wallenbergs kein größeres Aktienpaket. Sie haben erhebliche Anteile am Technikkonzern Ericsson, dem Maschinenbauer ABB, dem LKW-Hersteller Scania und dem Bankhaus SEB. Weil sie üblicherweise über Wertpapiere mit überproportionalem Stimmrecht verfügen, hat die Familie selbst dann bestimmenden Einfluss, wenn sie nicht die Kapitalmehrheit besitzt.

Nach dem Abgang der jetzigen Machthaber, den Cousins Jacob und Marcus Wallenberg, könnte in einigen Jahren mit Jacobs Tochter Lovisa erstmals eine Frau an die Spitze der Dynastie treten. Die Wallenbergs sind auch ein Beispiel dafür, dass die schwedische Wirtschaft stark von Großunternehmen geprägt ist. Eine breite mittelständische Wirtschaft wie in Deutschland gibt es in Schweden nicht.

Diese starke Konzentration auf Großunternehmen hat die Kooperation zwischen Politik, Arbeitgebern und Gewerkschaften lange Zeit erleichtert. Obwohl die Wallenbergs politisch eher konservativ eingestellt sind, verstanden sie sich stets gut mit den regierenden Soziaidemokraten. Die Wallenbergs sind ein Beispiel dafür, dass nicht nur kleinere Firmen innovationsfreudig sind und Arbeitsplätze schaffen. So gehört Schweden in der Europäischen Union sowohl zu den Ländern mit dem höchsten Pro-Kopf-Einkommen als auch zu denen mit der niedrigsten Arbeitslosenquote.

Köttbullar, Krebse und Knäckebrot

Die schwedische Küche überzeugt mit guten Produkten und einfachen Gerichten

Das raue Klima und die lange Zeit hohe Bedeutung von Landwirtschaft und Fischfang haben Schwedens Esskultur nachhaltig geprägt. Die traditionellen Gerichte sind simpel, der Variantenreichtum ist beschränkt. Weil die klassischen schwedischen Zutaten wie Kartoffeln, Fisch, Fleisch und Pilze von hoher Qualität sind, gibt es in Schweden dennoch jede Menge gut schmeckender Gerichte. Auch alle Molkereiprodukte sind ganz vorzüglich.

Einige schwedische Köche gehören gar zu den Besten ihrer Zunft. In den letzten Jahren haben sie gleich mehrfach einen der vordersten Plätze bei den internationalen Kochweltmeisterschaften belegt. Der Erfolg schlägt sich vor allem in der Stockholmer Restaurantszene nieder. In der Hauptstadt gibt es eine Hand voll Häuser, die mit mindestens einem Michelinstern ausgezeichnet worden sind. Natürlich sind dort auch die Preise entsprechend. Vorsicht ist dagegen bei den vielen *kvarterskrog*, den preisgünstigeren Gaststätten, und deren Angebot *dagens rätt* angesagt. Diese Tagesgerichte kosten zwar inklusive Salat, Brot und Kaffee oftmals keine 8 Euro, aber leider ist die Qualität nicht immer die beste. In den meisten Gaststätten stellen Sie sich die Mahlzeiten aber wie in einer Kantine selbst zusammen – so können Sie sich zuvor ein Bild machen.

Frischer Lachs, frisches Brot: einfache Zutaten in hoher Qualität

Zur schwedischen Esskultur gehören auch die *gatukök* genannten Straßenküchen. Die dort servierten Hot Dogs und Würstchen mit Kartoffelbrei sind sicher nicht jedermanns Sache, doch wer nicht wenigstens einmal an einer dieser Imbissbuden gegessen hat, hat nicht die komplette schwedische Küche kennen gelernt.

Gefragt nach ihrem Lieblingsessen, lautet die Standardantwort vieler Schweden *husmanskost.* Diese traditionellen Gerichte unterscheiden sich von Region zu Region. Oft gehört Hering dazu und die ein oder andere Art von *bullar,* Frikadellen aus Fisch *(fiskbullar)* oder Fleisch *(köttbullar).* Besonders die vielen Sorten *sill* – Hering, der auf völlig unterschiedliche Art angemacht worden ist – zeigen, dass auch aus wenigen Zutaten kreative Küche entstehen kann. Überhaupt steht Fisch in Schweden viel häufi-

Schwedische Spezialitäten

Lassen Sie sich diese Köstlichkeiten gut schmecken!

älg – Elch, wird als gulaschartiger Eintopf *(älggryta)* oder Steak *(älgbiff)* serviert

filmjölk – dickflüssige Sauermilch. Als Erfrischung pur oder mit Früchten und Müsli ein Genuss

fiskbullar – Fischfrikadellen, die es vor allem in Dosen im Supermarkt zu kaufen gibt

hjortonsylt – Marmelade aus Moltebeeren, erinnert farblich und geschmacklich am ehesten an Sanddorn

Kalles Kaviar – Fischeier aus der Tube, zum Teil mit Frischkäse gemischt. Wird einfach aufs Brot gestrichen

kanelbullar – Zimtschnecken aus Hefeteig

knäckebröd – das klassische schwedische Trockenbrot

köttbullar – Fleischklopse, die gerne mit Kartoffeln und Preiselbeermarmelade *(lingon)* gegessen werden

kräftor – Flusskrebse, mit Dill gekocht. Im August werden sie beim traditionellen *kräftskiva* mit viel Schnaps verzehrt

lingon – Preiselbeeren, werden zu vielen Wildgerichten als Beilage serviert

lösgodis – Süßigkeiten wie Weingummi, Schokolade und Bonbons, die grammweise (lose) in fast jedem Supermarkt und an vielen Kiosks verkauft werden

lussekatter – Hefegebäck mit Safran, das traditionell vor Weihnachten gegessen wird

semla – Hefegebäck, gefüllt mit einer Marzipansahnemasse, wird gern auf heißer Milch serviert

sill – Hering. Eingelegte Filetstückchen (z. B. als *senapsill* in Senfsauce, mit Zwiebeln als *löksill* oder als *skärgårdssill* mit Crème fraîche und Fischrogen) gibt es im Glas in jedem Supermarkt zu kaufen. Alle Sorten stehen an *midsommar* beim *sillbord* auf dem Tisch. Die Heringsfilets werden auch geräuchert oder gebraten verzehrt

surströmming – um ihn länger haltbar zu machen, wurde Hering früher gegoren. Daraus entstand eine zwar streng riechende, aber außergewöhnlich schmeckende Spezialität

tunnbröd – dünnes Brot, eine Art helles Knäckebrot aus Nordschweden. Es wird häufig zusammen mit *surströmming* gegessen

ger als in Kontinentaleuropa auf der Speisekarte. Am beliebtesten ist neben Hering weiterhin Dorsch. Dessen Bestände in der Ostsee sind wegen Überfischung leider bedroht. Außergewöhnlich häufig stehen auch Rentier oder Elch, die in freier Wildbahn gejagt werden, auf der Speisekarte.

Viele der traditionellen Gerichte sind an eine bestimmte Jahreszeit gebunden. Im August lädt ganz Schweden zu *kräftskiva* ein, dem traditionellen Flusskrebsessen. In Dillsud gekocht, werden die Tiere pur gegessen, dazu gibt es jede Menge Schnaps. Ganz Traditionsbewusste stimmen Trinklieder an. Mehr und mehr Leute greifen aus Kostengründen und weil es praktischer ist, zu tiefgekühlten Krebsen aus der Türkei. Viel besser allerdings schmecken sie frisch gefangen aus den schwedischen Flüssen.

Eine weitere Esstradition ist das *julbord,* ein üppiges Buffet mit Pasteten, Käse, Fisch und Fleisch, das nur um die Weihnachtszeit herum aufgebaut wird. Während des restlichen Jahres wird zum *smörgåsbord* gebeten, einem Buffet mit ebenfalls jeder Menge schwedischer Zutaten – Hering, Lachs und anderer Fisch in diversen Varianten, Beeren und Pilze, Krabben, Schinken, Pasteten, Käse, frische Früchte und und und. Die Buffets gibt es auf Betriebs- oder Privatfeiern in Restaurants, oder sie werden daheim aufgebaut.

Zum Essen wird in Schweden tagsüber meist Limonade *(läsk)*, Milch *(mjölk)* oder Leichtbier *(lättöl)* getrunken, abends Bier mit normalem oder erhöhtem Alkoholgehalt *(öl* bzw. *starköl)* oder Wein *(vin)*. Getränke mit einem Alkoholgehalt von über 3,5 Prozent können nur in den staatlichen Systembolaget-Geschäften gekauft werden. Die haben zwar nur eingeschränkte Öffnungszeiten, dafür aber ein hervorragendes Angebot. Weil der Alkohol in Schweden teuer ist, ist es vor allem bei jüngeren Leuten üblich, dass zu Partys und Abendessen jeder seine Getränke selber mitbringt. Leitungswasser gibt es in den meisten Restaurants und Kneipen gratis. Es kann bedenkenlos getrunken werden. Nur rauchen dürfen sie dort nicht. Seit dem Sommer 2005 herrscht Rauchverbot in allen Restaurants und Bars in Schweden.

Das Frühstück ist mit Brot und Marmelade oder Käse eher kontinental ausgerichtet, ein Schluck Sauermilch *(filmjölk)* darf allerdings nie fehlen. Das Mittagessen *(lunch)* wird bereits relativ früh ab 11.30 Uhr eingenommen, auch das Abendessen, das in Schweden erstaunlicherweise *middag* heißt, wird schon gegen sechs Uhr serviert. Als Beilage wird Brot gereicht, das meist mit Zimt gewürzt oder mit Sirup gesüßt wurde. Das berühmte Knäckebrot schmeckt hingegen vor allem nach Korn.

Die Schweden naschen gern. Zum Tee oder Kaffee gibt es häufig Zimtschnecken *(kanelbullar)* oder Wienerbrot. In Kiosken und Supermärkten stapeln sich auf meterlangen Regalen Bonbons, Weingummis und andere Süßigkeiten. Die so genannten *godis* werden grammweise verkauft. Damit diese nicht im Übermaß genossen werden, haben viele Familien einen *godisdag* eingeführt. Nur an diesem Wochentag bekommen die Kinder ihre heiß geliebten Süßigkeiten.

Handgemacht und luftgetrocknet

Vom Kunsthandwerk bis zum Rentierfleisch

Jede Region Schwedens hat ihre ganz eigenen Spezialitäten, die sich als Mitbringsel eignen. Aus der Gegend um Växjö in Småland, auch *glasriket* (Glasreich) genannt, können Sie bildschöne Glasprodukte wie Vasen oder Schüsseln der Hersteller Orrefors oder Kosta Boda mitnehmen. Seit mehr als 250 Jahren üben südschwedische Glashütten ihr Handwerk aus.

Ebenfalls handgemacht sind die so genannten Dalarnapferde. Die roten, traditionell in der Region Dalarna hergestellten Holztiere sind sehr dekorativ und auch als Spielzeug oder Christbaumschmuck beliebt. Nicht erst seit Ikea ist Schweden tonangebend, was Design betrifft. So haben es Wohnaccessoires der Gruppe *Designhouse Stockholm (DHS)* bereits in den Shop des New Yorker Museum of Modern Art geschafft. Lampen, Geschirr und Kerzenständer von DHS *(www.designhouse.se)* finden Sie in vielen Designläden.

CDs mit schwedischen Weihnachtsliedern oder mit dem Orchester des ehemaligen Abba-Stars Benny Andersson bringen ein Stück Kultur des Gastlandes mit nach Hause. Wer daheim schwedisches Essen genießen möchte, dem seien vor allem nordschwedische Spezialitäten empfohlen: eine Dose *surströmming* (fermentierter Hering), ein Glas *hjortonsylt* (Moltebeerenmarmelade) oder luftgetrocknetes Rentierfleisch. Diese Waren sind lange haltbar und deshalb bestens für den Transport geeignet.

Schnäppchenjäger sollten nach herabgesetzter Ware *(rea)* oder Artikeln zweiter Wahl oder Restposten *(fynd)* Auschau halten. Auf dem Land weisen Schilder mit dem Aufdruck *Antik* oder *Loppis* auf Trödelmärkte und -läden hin. Meist werden Möbel und andere Waren verkauft, die der Händler bei Haushaltsauflösungen in der Gegend erstanden hat. Hochwertige Stücke finden Sie eher in einem der vielen Antiquitätenläden in Stockholm.

Die Ladenöffnungszeiten sind sehr großzügig. Supermärkte haben meist täglich von 9 bis 21 Uhr geöffnet, auf dem Land schließen sie oftmals früher. Andere Geschäfte machen unter der Woche meist um 19 Uhr zu, samstags um 16 Uhr, und sonntags haben sie meist für ein paar Stunden um die Mittagszeit geöffnet.

Beliebte Mitbringsel: Designwaren aus den Glasmanufakturen in Småland

Feste, Events und mehr

Die Schweden feiern das ganze Jahr über, vor allem aber im Sommer

Die meisten Feste werden auf traditionelle Weise begangen – es wird gegessen, getrunken, gesungen und getanzt. Während an *midsommar* zu Trinkliedern Schnaps in Strömen fließt und um die Mittsommerstange herumgetanzt wird, stimmen die Schweden an *Lucia* Weihnachtslieder an und trinken allenfalls *julöl,* süßliches Weihnachtsbier. Die meisten Feste finden im Sommer statt, wenn es fast rund um die Uhr hell ist.

Wintermarkt in Jokkmokk

Offizielle Feiertage

1. Januar *Nyårsdagen (Neujahrstag)*
6. Januar *Heilige Drei Könige*
Påsk *Karfreitag und Ostermontag*
1. Mai *Majdagen*
Kristi himmelsfärd *(Christi Himmelfahrt)*
6. Juni *Nationalfeiertag*
Freitag nach dem 21.6. *Midsommarafton*
Samstag nach dem 21.6. *Midsommardagen*
Alla helgons dag *(Allerheiligen)*
25. und 26. Dezember *Juldagen (Weihnachten)*
31. Dezember *Nyårsafton*

Lokale Feste

Ende Januar
Kiruna Snöfestival: In Lappland werden die besten Schnee- und Eisskulpturen prämiert. Außerdem Rentierrennen

Anfang Februar
Jokkmokk Marknad: 1605 schlugen die Samen erstmals ihr Winterlager in Jokkmokk auf und handelten dort. Noch heute wird dort samisches Kunsthandwerk angeboten.

März
Vasaloppet: Das Skilanglaufrennen zwischen Sälen und Mora wird von zahlreichen Festen und Konzerten begleitet. *Erste Woche um den 1. März herum*

30. April/1. Mai
Valborga: Mit riesigen Lagerfeuern an der Küste und Picknick im Park feiern viele Schweden die Ankunft des Frühlings. Danach geht es zur traditionellen Maikundgebung. Die Insider Tipp größte Party für junge Leute findet in den Parks der Studentenstadt Uppsala statt.

Juni
Hultsfredsfestival: Das bekannteste Rockfestival Schwedens mit nationalen und internationalen Bands ist eine einzige Freiluftparty im småländischen Hultsfred. *Mitte Juni*
Midsommar: der Höhepunkt des Jahres. Am Freitag nach der Sommersonnenwende (21. Juni) ziehen sich alle Schweden aufs Land zurück, um den längsten Tag des Jahres zu feiern. In Trachten gekleidet, tanzen Jung und Alt um die Mittsommerstange *majstång* herum.
Allsång: Zum *allsång* traf sich das ganze Dorf zum Singen. Im Stockholmer Freilichtmuseum Skansen wird diese Tradition jeden Sommer auf einer riesigen Bühne zelebriert. Andernorts findet der *allsång* in kleinerem Format statt. *Ende Juni bis Anfang August*

Juli
Stockholm Jazzfestival: Auf der Insel Skeppsholmen mitten in der Hauptstadt treten jeden Sommer bekannte Musiker auf, dabei wird außer Jazz auch Soul und Pop gespielt.

August
Kräftskiva: Den ganzen August über laden Familien und Firmen zum traditionellen Flusskrebseessen ein. Dabei dürfen Lieder und Schnaps natürlich nicht fehlen.

Dezember
Lucia: Mit den vielen Kerzen auf dem Kopf bringt Santa Lucia Licht ins nordische Dunkel. Weil früher angenommen wurde, die Wintersonnenwende sei am 13. Dezember, findet das Fest alljährlich an diesem Tag statt. Dann zieht ein Mädchen, gefolgt von einem Chor, durch Schulen, Universitäten und die Innenstädte. Die Wahl zur Lucia gleicht mancherorts einer Misswahl.

Höhepunkt des Jahres: Midsommar

VIKING LINE

Am Wasser gebaut

In der schwedischen Hauptstadt treffen Sie überall auf Wasser – und auf ausgedehnte Grünflächen

Karte in der hinteren Umschlagklappe

Touristenbüros übertreiben es oft, wenn sie ihre Stadt anpreisen. Im Fall von Stockholm (1,2 Mio. Ew.) trifft der Werbeslogan »Schönheit auf dem Wasser« jedoch genau zu, ja er geht vielleicht nicht einmal weit genug. Denn außer Wasser hat die Schönheit Stockholm auch jede Menge Grün zu bieten. Eine Faustregel lautet: Stockholm besteht zu einem Drittel aus Wasser, zu einem Drittel aus bebauter Fläche und zu einem Drittel aus Grünflächen. Und das Beste ist: Alle drei Teile sind gleichermaßen sehenswert.

Im Sommer locken die Ostsee und der See Mälaren mit Bootsausflügen und Badespaß, im Winter können Sie auf den Eisflächen spazieren gehen oder Schlittschuh laufen. In den vielen Parks lässt sich zu jeder Jahreszeit vortrefflich wandern und in den gemütlichen Kaffee- und Teehäusern bestens entspannen.

Die vor mehr als 750 Jahren gegründete Stadt besteht aus zahlreichen Inseln, von denen die historische Altstadt Gamla Stan und der ehemalige Arbeiterstadtteil Södermalm die bekanntesten sind. Stockholm ist reich an Museen – neben mehreren Kunstmuseen, die sich fast allen Epochen widmen, gibt es spezielle Museen für Musik, Theater und Spielzeug. Da das Stadtzentrum relativ klein ist, kann man gut ohne Auto auskommen. Oder Sie benutzen eins der gut ausgebauten öffentlichen Verkehrsmittel wie Boot, Bus oder Bahn *(www.sl.se)*.

Blick auf Stockholms verwinkelte Altstadt Gamla Stan

Plausch im Stockholmer Straßencafé

Schweden, die außerhalb der Hauptstadt wohnen, beschreiben die Stockholmer gerne als hochnäsig, doch vielleicht ist das nur der Neid auf deren schöne Stadt. Machen Sie sich selbst ein Bild! Ausführliche Informationen zur Hauptstadt Schwedens finden Sie im MARCO POLO Reiseführer »Südschweden/Stockholm«.

SEHENSWERTES

Djurgården **[U F4–6]**

★ Das ehemalige königliche Jagdrevier ist heute eine einzigartige Er-

Goldener Saal im Stadshuset: Hier dinieren alljährlich die Nobelpreisträger

holungsinsel mit einer Reihe von Museen und viel Grün. Gleich am Anfang der Insel liegen das *Nordiska Museet (Mo–Fr 10–16 Uhr, Sa–So 11–17 Uhr, Eintritt frei, www.nordiskamuseet.de)* mit einer Sammlung zur nordischen Volkskunde und einer kleinen Abba-Ausstellung sowie die *Liljevalchs Konsthall (Mi und Fr–So 11–17 Uhr, Di und Do 11–20 Uhr, Eintritt 70 SEK)*. Hier werden wechselnde Ausstellungen internationaler Künstler gezeigt. Empfehlenswert sind zudem der ökologische Garten *Rosendals Trädgården* und sein *Café (tgl. 11–16 Uhr)*. Sie können dort auch Ökogemüse und Kräuter erwerben.

Der Weg nach Djurgården führt über die Brücke vom noblen Strandvägen oder entspannt per Boot von der Stadtmitte aus. Mieten Sie sich an der Brücke ein Fahrrad, so können Sie die Insel gemütlich in einer Stunde umrunden oder einen ganzen Tag lang abfahren.

Gamla Stan **[U C–D 4–5]**

★ Die Altstadt ist das historische Zentrum von Stockholm und glänzt durch ihre hervorragend erhaltenen, zum größten Teil 300 bis 400 Jahre alten Bauten. Imposante Kaufmannshäuser säumen kleine Gassen und großzügige Plätze. Auf dem Hof des königlichen Schlosses wird regelmäßig die Wachablösung in Szene gesetzt. Das *Schloss* samt Zeughaus und Schatzkammer kann besichtigt werden *(Mitte Mai–Aug. tgl. 10–16 Uhr, Sept.–Mitte Mai Di–So 12–15 Uhr, Eintritt 80 SEK, www.royalcourt.se)*. Den Kern der Altstadt bildet *Stortorget*, der frühere Hauptplatz, wo sich auch das Nobelmuseum befindet.

Kaknästornet **[O]**

Vom 150 m hohen Rundfunkturm überblicken Sie bestens Stockholm und Umgebung, vor allem den Ostseeeinlauf. Mittags gibt es im Restaurant des Turms ein preis-

Insider Tipp

wertes Buffet, abends Essen à la carte. *Mörka Kroken 28–30, Sept. bis April tgl. 10–21 Uhr, Mai bis Aug. tgl. 9–22 Uhr, Eintritt 30 SEK*

Stadshuset **[U A–B4]**

Der Ziegelsteinturm mit den drei Kronen auf der Spitze ist das Wahrzeichen der schwedischen Hauptstadt. Die Aussicht über Gamla Stan, Södermalm und Kungsholmen ist einzigartig. In der blauen Halle und dem goldenen Saal des Rathauses findet im Dezember das Nobelpreisdinner statt. Insider Tipp Dasselbe Menü wird das ganze Jahr über im Restaurant im Keller serviert *(Stadshuskällaren, So geschl., €€€)*. Außer dem Turm kann das Stadshuset nur im Rahmen einer Führung besucht werden. *Hantverkargatan 1, Turm April Sa, So 10–16.15, Mai bis Sept. tgl. 10–16.15 Uhr, Eintritt 20 SEK, Führungen (auch auf Englisch) Okt.–Mai tgl. 10 und 12, Juni–Aug. auch 11, 14 und 15 Uhr, Sept. auch 14 Uhr, 60 SEK, www2.stockholm.se/stadshuset*

MUSEEN

Einen Überblick über die aktuellen Ausstellungen bietet *www.stockholmsmuseer.com*. Der Eintritt in viele Museen ist frei, allerdings sind Sonderausstellungen ausgenommen.

Magasin 3 **[O]**

Die Ausstellungsräume für zeitgenössische Kunst hat ein reicher Stockholmer seiner Stadt zum Geschenk gemacht. Das im *Frihamnen* (Freihafen) gelegene Magasin 3 ist einer der interessantesten Plätze für junge Kunst außerhalb der Galerienszene. Der Schwerpunkt liegt

MARCO POLO Highlights »Stockholm«

★ **Djurgården**
Natur pur, mitten in der Stadt (Seite 27)

★ **Drottningholm**
Der imposante Sitz der Königsfamilie kann besichtigt werden (Seite 35)

★ **Gamla Stan**
Im historischen Zentrum sind die jahrhundertealten Häuser bestens erhalten (Seite 28)

★ **Schloss Gripsholm**
Tucholskys Idylle mit Schloss am See Mälaren (Seite 36)

★ **Nobelmuseet**
Alles über den bekanntesten Preis der Erde (Seite 30)

★ **Stockholmer Schären**
Unzählige Inseln – ein Paradies für Kanuten und Segler (Seite 36)

★ **Skansen**
Freilichtmuseum und Tierpark liegen mitten in der Stadt (Seite 30)

★ **Vasamuseet**
Einzigartig: ein fast komplett erhaltenes Schiff aus dem 17. Jh. (Seite 31)

auf Installationen und Skulpturen. *Do 12–19 Uhr, Fr–So 12–17 Uhr, Eintritt 40 SEK, www.magasin3.com*

Moderna Museet **[U E5]**
Schwedens bekanntestes Kunstmuseum beherbergt eine der weltweit größten Sammlungen des 1968 gestorbenen französischen Objekt- und Konzeptkünstlers Marcel Duchamp. Vor dem vom Spanier Rafael Moneo entworfenen Gebäude befindet sich ein kleiner Park mit Skulpturen des Künstlerpaares Jean Tinguely und Niki de Saint Phalle. Schwedische Künstler sind im Moderna unter anderem mit Annika von Hausswolff, Ola Billgren und Öyvind Fahlström vertreten. Bildschön ist der Blick über das Wasser bis hin zur Insel Djurgården von der Terrasse des Museumscafés. Im selben Gebäude befindet sich auch das Architekturmuseum, nebenan das Ostasiatische Museum. *Skeppsholmen, Di–Mi 10 bis 20 Uhr, Do–So 10–18 Uhr, Eintritt frei, www.modernamuseet.se*

Nationalmuseum **[U D4]**
Klassische schwedische und internationale Kunst seit dem 15. Jh. ist hier zu sehen. Das Haus hat auch eine Abteilung mit schwedischem Design. Das Restaurant im Untergeschoss bietet mittags ein umfangreiches, preiswertes Buffet mit exquisiten Zutaten. *Södra Blasieholmshamnen, Di und Do 11–20 Uhr, Mi, Fr, Sa und So 11–17 Uhr, Eintritt frei, www.nationalmuseum.se*

Insider Tipp

Nobelmuseet **[U C5]**
★ Zum hundertjährigen Jubiläum der ersten Nobelpreisverleihung wurde das Museum 2001 in Gamla Stan eröffnet. Im Zentrum stehen der Mensch Alfred Nobel sowie die Forschungsmilieus der bisherigen Preisträger. Preiswerte Cafeteria. *Börshuset Stortorget, 16. Sept.–15. Mai Di 11–20 Uhr, Mi–So 11–17 Uhr, 16. Mai–15. Sept. Mi–Mo 10–17 Uhr, Di 10–20 Uhr, Eintritt 50 SEK, www.nobelprize.org/nobel/nobelmuseum*

Insider Tipp

Skansen **[U F5]**
★ Im Freilichtmuseum auf der Insel Djurgården sind rund 150 kulturhistorische Bauwerke aus allen Teilen des Landes ausgestellt. In mehreren Gehegen leben Tiere aus der skandinavischen Wildnis. Am 21. Juni findet in Skansen das große traditionelle Mittsommerfest statt *(Eintritt 80 SEK)*, im Winter ein schwedischer Weihnachtsmarkt *(Eintritt 60 SEK). Djurgården, Park Okt.–April tgl. 10–16, Mai 10–20, Juni–Aug. 10–22, Sept. 10–17 Uhr, Bauwerke Mai–Sept. 11–17, Okt. bis April 11–15 Uhr, Eintritt Sept. bis April 50 SEK, Mai–Aug. 70 SEK, www.skansen.se*

Stockholm Stadsmuseum **[U C6]**
Das Stadtmuseum bringt Besuchern die Geschichte Stockholms nahe und informiert über die viel diskutierten und zum Teil auch realisierten Umbauvorschläge. *Ryssgården/Slussen, Di–Mi und Fr–So 11–17 Uhr, Do 11–20 Uhr, Eintritt 60 SEK, www.stadsmuseum.stockholm.se*

Strindbergsmuseet **[U B2]**
August Strindberg (1849–1912) ist der wohl berühmteste Dramatiker Schwedens. Im Museum, das in seiner ehemaligen Stockholmer Wohnung eingerichtet ist, wird das unstete Leben des Künstlers und seine vielfältige Begabung als Autor, Ma-

Dem Segelschiff Vasa wurde ein eigenes Museumsgebäude errichtet

ler und Fotograf deutlich. *Drottninggatan 85, Di–So 12–16 Uhr, Eintritt 40 SEK, www.strindbergsmuseet.se*

Vasamuseet [U F4]

★ Die Vasa sank 1628 schon bei ihrer Jungfernfahrt. Es dauerte fast 350 Jahre, bis das Kriegsschiff gehoben wurde. Nun steht es in einem der interessantesten Museen Schwedens. Dokumentiert ist dort auch die spannende Konstruktions- und Bergungsgeschichte des weltweit einziges Schiffes aus dem 17. Jh., das fast komplett erhalten ist. *Galärvarvsvägen 14, 21. Aug–9. Juni Fr–Mi 10–17 Uhr, Do 10–20 Uhr, 10. Juni–20. Aug. tgl. 9.30–19 Uhr, Eintritt 80 SEK, www.vasamuseet.se*

ESSEN & TRINKEN

Brasserie Godot [U D2]

Exzellente Küche in entspannter, eleganter Atmosphäre. Überwiegend französisch inspirierte Gerichte. Es gibt auch ein preiswerteres Barmenü. *So geschl., Grev Turegatan 36, Tel. 08/660 06 14, www.godot.se,* €€

Operas Bakfickan [U C4] Insider Tipp

Hier stehen vor allem traditionelle schwedische Gerichte wie Fleischklopse oder Fisch auf der Speisekarte. Die Gäste sitzen dicht gedrängt auf hohen Stühlen an der Bar oder am Fenster. *So geschl., Operahuset, Karl XII.s torg, Tel. 08/676 58 09, www.operakallaren.se,* €

Wedholms Fisk [U D3]

Der Küchenchef von Wedholms Fisk versteht sich besonders gut auf die Zubereitung von Meerestieren. Der Guide Michelin hat ihn dafür mit einem Stern gekrönt. Im klassisch und schlicht eingerichteten Restaurant dominieren nordische Hölzer. Im vorderen Bereich gibt es eine Bar, an der etwas günstigeres Essen serviert wird. *So geschl., Nybrokajen 17, Tel. 08/611 78 74,* €€€

EINKAUFEN

Die großen Einkaufsstraßen befinden sich in der Nähe von *Sergels Torg,* ein paar Gehminuten vom Hauptbahnhof entfernt. Die noblen Modeboutiquen haben sich in der *Biblioteksgatan* und der *Birger Jarlsgatan* angesiedelt. Jede Menge Antiquariate säumen die *Drottninggatan.* Das Kaufhaus *Nordiska Kompaniet (NK)* in der *Hamngatan* beherbergt zahlreiche renommierte schwedische und internationale Modemarken und eine Abteilung für Glas und Kunsthandwerk.

In *Gamla Stan* gibt es vor allem Touristenläden, die klassische Souvenirs wie hölzerne Dalarnapferde verkaufen, in *Södermalm* rund um die *Folkungagatan* viele kleinere Modeboutiquen. Für Designfans sind die *Designtorget*-Geschäfte (z. B. im *Kulturhuset, Sergelstorg)* sowie die *Nybrogatan* mit ihren Möbel- und Antiquitätenläden empfehlenswert. Viele Geschäfte haben auch sonntags geöffnet.

Plattenfans aus aller Welt strömen zu *Pet Sounds (Skånegatan 53),* das eher an ein Wohnzimmer als an einen Laden erinnert und auch ein Café und einen kleinen Buchladen beherbergt. Im berühmtesten Plattenladen Schwedens können Sie zu Musik fernab des Mainstreams und einem Kaffee herrlich den Tag verbringen. Insi Tip

ÜBERNACHTEN

Besonders im Sommer empfiehlt es sich, früh zu buchen. Hotelzimmer können Sie auch bei *Hotellcentralen (Tel. 08/50 82 85 08, www.stockholmtown.com)* im Hauptbahnhof buchen. Bed-&-Breakfast-Übernachtungsmöglichkeiten vermitteln *Bed & Breakfast Service Stockholm (Tel. 08/660 55 65,*

Bummel durch die belebte Västerlånggatan in Gamla Stan

www.bedbreakfast.se) sowie das *Bed & Breakfast Centre Stockholm (Tel. 08/730 00 03, www.bed-and-breakfast.se).*

Af Chapman & Skeppsholmen **[U D–E5]**
Die bekannteste Jugendherberge Schwedens ist in einem alten Segelboot untergebracht. Es gibt auch Zimmer im benachbarten Gebäude. *293 Betten, Flaggmannsvägen 8, Tel. 08/463 22 66, Fax 611 71 55, www.stfchapman.com,* €

Clarion **[0]**
Kunsthotel in Södermalm mit individuell gestalteten Zimmern. Die Bar zieht mit ihrer Livemusik und lockeren Atmosphäre nicht nur Hotelgäste an. *562 Zi., Ringvägen 98, Tel. 08/462 10 10, Fax 462 10 99, www.clarionstockholm.com,* €€€

Långholmen **[0]**
Kombination aus Jugendherberge und Hotel in einem alten Gefängnis. Besonders reizvoll im Sommer, da die Unterkunft nur wenige Meter vom Strandbad entfernt liegt. *102 Zi. und 26 Betten in Zwei- bis Vier-Bett-Zimmern, Långholmen, Tel. 08/720 85 00, Fax 720 85 75, www.langholmen.com, Hotel* €€, *Jugendherberge* €

Lydmar **[U D2]**
Direkt am Stureplan gelegenes Künstlerhotel, dessen Zimmer individuell gestaltet und mit Kunstwerken ausgestattet sind. Im Hotel befindet sich auch eine der spannendsten Restaurantbars Nordeuropas – mit Livemusik, wechselnden Ausstellungen skandinavischer Künstler und lockerer Atmosphäre *(tgl. 7–1 Uhr,* €€). Hotelgäste können das nebenan gelegene Spa-Bad zu einem günstigeren Tarif benutzen. *62 Zi., Sturegatan 10, Tel. 08/56 61 13 00, Fax 56 61 13 01, www.lydmar.se,* €€€

FREIZEIT & SPORT

Zwischen der Ostsee und dem See Mälaren gelegen, bietet Stockholm beste Bedingungen für Wassersportler. Im Winter frieren die Gewässer der Hauptstadt zu und werden zu riesigen Eissportflächen. Achtung – betreten Sie nur Flächen, auf denen andere bereits fahren! Bei Schnee lässt sich in den Parks zudem hervorragend Langlaufski fahren, und auf einem Berg im Süden der Stadt gibt es gar einen Hang für Abfahrtsskiläufer.

Fahrradfahren und Inlineskaten **[U F3]**
Direkt an der Brücke zu Djurgården wird bei *Djurgårdsbrons Sjöcafé* jedes Fortbewegungsmittel vermietet, das keinen Lärm macht und sich deshalb bestens dafür eignet, Stockholms Natur zu entdecken. *Ca. 70–100 SEK pro Stunde, Galärvarvsvägen 2, Tel. 08/660 57 57*

Kanufahren **[0]**
Eine Kanutour durch die Stockholmer Schären ist eine schöne, wenngleich anstrengende Alternative zu einer Fahrt mit dem Ausflugsboot. Der Kanuklub *Brunnsvikens Kanotcentral* liegt an einem Ostseeausläufer nördlich des Stadtzentrums. Brunnsviken eignet sich für kleinere Paddeltouren auf dem ruhigen Gewässer oder als Ausgangspunkt für eine größere Tour in die Schären. *Frescati Hagväg 5, Kanu ab 100 SEK für zwei*

Insider Tipp

Stunden, Tel. 08/15 50 60, www.bkk.se

Kutschfahrten und Pferdeschlittentouren [O]
Das Fuhrunternehmen *Häståkeriet CW Carina Westman* arrangiert Kutschfahrten und Reitausflüge sowie im Winter Pferdeschlittentouren durch Djurgården. *Ausritt ab 350 SEK pro Stunde pro Person, Kutschfahrt ab 130 SEK pro Person, Fredrik Bloms väg, Tel. 08/57 02 77 98, www.hastakeriet.se*

STRÄNDE

Badestrände gibt es sowohl am See Mälaren als auch an der Ostsee und deren Ausläufern sowie auf den vielen Inseln in den Schären. Einige der Strände sind vom Stadtkern aus zu Fuß zu erreichen, andere sind per Bus und Bahn oder per Boot angebunden.

Insider Tipp **Brunnsviksbadet** [O]
In der Stockholmer Innenstadt gibt es wohl kein anderes Strandbad, das so viel Ruhe und Abwechslung bietet. Wer nicht den ganzen Tag schwimmen oder auf den Klippen am Rande des Ostseeausläufers Brunnsviken in der Sonne liegen möchte, kann Kanus mieten oder im nahen Botanischen Garten und Haga-Park spazieren gehen. *Frescati Hage, Roslagsbanan Haltestelle Universitet*

Långholmens strand och klippbad [O]
Auch die kleinere Insel Långholmen verfügt über einen empfehlenswerten Badestrand. *Tunnelbana, Haltestelle Hornstull, Tel. 08/50 81 10 00*

AM ABEND

Das Stockholmer Nachtleben spielt sich vor allem in *Södermalm* und rund um den *Stureplan* ab. Wer es lässig mag, ist in Södermalm gut aufgehoben. Die Gegend um Stureplan herum ist hingegen sehr schick. Vor den Clubs bilden sich ab 23 Uhr meist Schlangen, manche Türsteher sind sehr streng.

Berns [U D3]
Im »Roten Zimmer« des Bern traf sich schon in August Strindbergs 1879 erschienenem gleichnamigem Roman die Stockholmer Künstlerszene. Das Haus mit Bar, Club, Hotel und Restaurant hat bis heute nichts von seinem Reiz verloren. *Berzelli Park, So–Mi 17–1 Uhr, Do–Sa 17–4 Uhr, Tel. 08/56 63 22 22, www.berns.se*

Fasching [U B3]
Freunde des Jazz kommen hier voll auf ihre Kosten. Nach den Konzerten und am Wochenende wird das Fasching auch zur Diskothek. *Öffnungszeiten abhängig von Veranstaltung, Kungsgatan 63, Tel. 08/53 48 29 60, www.fasching.se*

Folkoperan [U B6]
Vor fast 30 Jahren gegründet, um die klassische Opernwelt aufzufrischen, ist die Stockholmer Volksoper mittlerweile zur Institution geworden. Auch wer kein Schwedisch versteht, bekommt gute Unterhaltung geboten. *Hornsgatan 72, Tel. 08/616 07 50, www.folkoperan.se*

Södra Teatern/Mosebacke [U D6]
Die Bar mit Konzertbühne ist einer von Södermalms Klassikern. Hier

Drottningholm, das »Versailles des Nordens«, liegt auf der Insel Ekerö

spielen vor allem junge, aufstrebende Bands und etablierte Gruppen jenseits des Mainstreams. Im Sommer können Sie bereits tagsüber auf der riesigen Terrasse mit herrlicher Aussicht über die Stadt sitzen. *Öffnungszeiten von Veranstaltung abhängig, Mosebacke Torg 3, Tel. 08/55 60 98 90, www.mosebacke.se*

AUSKUNFT

Hotellcentralen **[U C3]**
Centralstationen (Hauptbahnhof), Mo–Fr 9–18, Sa 9–16, So 10–16 Uhr, Tel. 08/50 82 85 08, Fax 791 86 66, www.stockholmtown.com/hotels

Stockholm Tourist Centre **[U C3]**
Sverigehuset, Hamngatan 27, Ecke Kungsträdgården, Mo–Fr 9–19, Sa 10–17, So 10–16 Uhr, Tel. 08/50 82 85 08, Fax 50 82 85 09, www.stockholmtown.com

ZIELE IN DER UMGEBUNG

Birka **[123 E4]**
Zu Wikingerzeiten war die auf *Björkö* (Birkeninsel) gelegene Stadt der wichtigste Handelsplatz des Reiches. Überreste der damaligen Bebauung und ein großes Gräberfeld wurden nach und nach entdeckt. Das *Birkamuseet* informiert mit Modellen anschaulich über die Geschichte der Stadt und den Alltag ihrer damaligen Bewohner. *Im Sommer per Boot von Stockholm aus erreichbar, Mai–Sept., Eintritt im Bootsticket inbegriffen, www.raa.se/birka. 30 km westlich*

Drottningholm **[123 E4]**
★ Der Sitz der schwedischen Königsfamilie wurde im 17. Jh. in Anlehnung an Schloss Versailles erbaut. Der Museumstrakt im unbewohnten Teil des Hauptgebäudes ist eingerichtet wie zu seinen Entstehungszeiten – schauen Sie sich

Metro

Eine schwedische Zeitung auf Eroberungszug durch alle Kontinente

In die Reihe der ehrwürdigen schwedischen Industrieunternehmen hat sich binnen kürzester Zeit der Medienkonzern Metro katapultiert. 1995 wurde die erste Ausgabe der gleichnamigen Gratiszeitung in Stockholm auf den Markt gebracht. Mittlerweile gibt es das Blatt in rund 20 Ländern, darunter die USA, Frankreich und Südkorea. Das Konzept ist einfach: Mit kurzen Texten und vielen Grafiken sollen junge Leser gelockt werden. Die Zeitung finanziert sich alleine über Anzeigen und wird kostenlos an U-Bahnhöfen und Bushaltestellen verteilt. Die schwedischen Regionalausgaben bieten einen täglichen Terminkalender mit Veranstaltungen zu Kunst, Theater oder Musik.Langfristig will *Metro* auch nach Deutschland expandieren.

an, wie die Herrschaften damals wohnten. Im Park stehen der Chinesische Pavillon und das berühmte Schlosstheater mit einer für die damalige Zeit einzigartigen Bühnentechnik. Noch heute, rund 250 Jahre nach dem Bau der Bühne, finden hier (Insider Tipp) in den Sommermonaten Theateraufführungen statt. Anfang Dezember ist der Park Schauplatz des traditionellen *Julmarknad* (Weihnachtsmarkt). *Park und Schloss Mai–Aug. tgl. 10–16.30 Uhr, Sept. 12–15.30 Uhr, Okt.–Mitte Dez. und Anfang Jan.–April Sa und So 12–15.30 Uhr, Eintritt 60 SEK, Tel. 08/402 62 80, www.royalcourt.se. 10 km westlich*

Schloss Gripsholm [123 E5]

★ Kurt Tucholsky schrieb 1931 mit »Schloss Gripsholm« eine Hommage an seine Exilheimat und das entspannte Leben dort. Darin prägte er den Begriff »die Seele baumeln lassen«. Mit seinem Roman hat Tucholsky das Schloss und seine Umgebung weit über Schweden hinaus bekannt gemacht. Wer die kleine Stadt Mariefred (5000 Ew.) und Schloss Gripsholm besucht hat, kann sich vorstellen, was den deutschen Schriftsteller zu seiner leichtfüßigen Sommergeschichte inspiriert hat. Mariefred mit dem massiven, festungsartigen Schloss liegt direkt am See Mälaren und kann von Stockholm aus im Sommer auch per Boot angefahren werden.

Wie so viele Bauten in Schweden wurde auch Gripsholm von Gustav Vasa in Auftrag gegeben. Das 1544 fertig gestellte Schloss mit seinen wuchtigen Türmen diente u. a. als Gefängnis, Karl V., sein letzter Bewohner, lebte dort bis 1864. *15. Mai–15. Sept. tgl. 10–16 Uhr, 16. Sept.–17. Dez. und 3. Jan.–14. Mai Sa und So 12–15 Uhr, Eintritt 60 SEK. 60 km westlich*

Stockholmer Schären [123 F4–5]

★ Stockholm ist bekannt für seine wunderschöne Inselwelt direkt vor den Toren der Stadt. Im Sommer kann dort geschwommen, gesegelt und sonnengebadet werden. Berühmtestes Ziel ist *Sandhamn* mit seinem großen Segelhafen. Hier trifft sich tagsüber Jung und Alt. In der Bar am Hafen ist auch abends jede Menge los. Auch der Winter ist in den Schären überaus reizvoll. Dann ist das Meer zwischen den Inseln zumindest zum Teil gefroren, und ein kalter Wind peitscht über die Eisfläche. Die Landschaft wirkt noch karger und rauer als sonst – ein Naturerlebnis, das man so schnell nicht vergessen wird.

Führungen durch die Schärenwelt vermittelt die *Schären-Stiftung (Tel. 08/440 56 00, www.skargardsstiftelsen.se)*. Auf etlichen Inseln gibt es Zeltplätze, Jugendherbergen und Hotels. Einige Inseln können per Auto oder Bus erreicht werden. Ausflugsboote in die Schären fahren vom Nybroplan und Strandvägen.

Vällingby **[123 E4]** Insider Tipp

Wenn Sie sich einen unverfälschten Eindruck von Stockholm und den Lebensbedingungen der Einwohner der schwedischen Hauptstadt machen wollen, sollten Sie unbedingt in den Vorort Vällingby fahren. In den 1950er-Jahren beschlossen die regierenden Sozialdemokraten, am Rande der Hauptstadt so genannte ABC-Vororte zu errichten, um den Wohnungsmangel zu bekämpfen. Die Orte sollten Arbeitsstätten *(arbete)*, Wohnungen *(bostad)* und ein lebendiges Zentrum *(centrum)* bieten und den Stockholmern ein angenehmes, stressfreies Wohnen und Leben ermöglichen. Vällingby ist ein architektonisch und städtebaulich sehr interessantes Kontrastprogramm zum historischen Stadtkern. Architekten und Städtebauer aus der ganzen Welt zieht es zum riesigen Komplex aus Wohnungen, Büros und Geschäften. *U-Bahnstation Vällingby, 10 km nordwestlich*

Stockholmer Schärenwelt: wunderschöne Inseln vor den Toren der Stadt

Verwunschene Orte an der Ostseeküste

Schwedens Süden lockt mit Badefreuden an Ostseeinseln und hübschen Städtchen

Idyllische Städtchen am Vätternsee, historische Fischerdörfer an der Ostseeküste, außerdem traditionsreiche Arbeiter- und Universitätsstädte sowie die zwei größten Inseln des Landes – Schwedens Süden ist eine sehr abwechlunsgreiche Gegend, zu der mit Småland und Schonen die bekanntesten Landschaften Schwedens gehören.

Es gibt keinen schöneren Zugang zum Süden, als mit dem Auto oder dem Zug über die neue Öresundbrücke von Dänemark aus ins Land zu fahren und dann an jeder Ecke Halt zu machen. Die alte Arbeiterstadt Malmö hat seit der Eröffnung der Brücke im Jahr 2000 einen neuen Aufschwung erlebt – viele Dänen zieht es dorthin, weil die Lebenshaltungskosten niedriger sind als in ihrer Hauptstadt. Und weil die Lebensqualität ebenfalls hoch ist.

Im Landesinneren der südlichen Provinz Skåne (Schonen) lockt die Dom- und traditionsreiche Universitätsstadt Lund mit ihren vielen historischen Bauten und dem pulsierenden Studentenleben. Schwedens bekannteste Region ist dank der Kinderbuchautorin Astrid Lindgren Småland. Eine Tour durch diese Landschaft ist wie eine Fahrt mit den Kindern aus Bullerbü auf dem Mähdrescher. Vor der Ostküste Smålands liegen die beiden schwedischen Ostseeinseln Öland und Gotland. Im Sommer werden sie zu den beliebtesten Badeinseln der Nation, im Herbst und Frühjahr bleiben die Besucher fast aus. Dann locken Öland und Gotland als Orte der Ruhe.

Schloss Kalmar, das heute ein Provinzmuseum ist, stammt aus dem 12. bis 16. Jh.

Weite Strände in Schonen

GOTLAND

[121 F1–3] Auf der größten Insel der Ostsee herrscht ein milderes Klima als im Rest des Landes – das zieht die Wärme suchenden Schweden an. Hier gedeihen sogar Orchideen.

von damals, sondern es wird auch so gegessen wie anno dazumal – einziges Besteckteil ist ein Messer. *Juni–Aug. tgl., Dez. auf Anfrage, Strandgatan 20, Visby, Tel. 0498/ 29 27 27, www.clematis.se, €€*

ÜBERNACHTEN

Ferienhäuser

Über die ganze Insel verstreut liegen zahlreiche Feriendörfer und -häuser, die meisten an der Westküste in der Nähe von Visby. Zum nächsten Strand ist es nie weit. *Gotlands Turistservice* vermittelt Unterkünfte in den meisten Anlagen *(Tel. 0498/20 33 00, Fax 20 33 90, www.gotlandsturistservice.com).*

Perfekt, um das nördliche Gotland mit Visby und Fårö zu erkunden, ist *Kappelshamns Fritidsby* an der ruhigen Kappelshamnsbucht gelegen *(Tel. und Fax 0498/22 70 09, www.kappelshamn.com).* Direkt am Badestrand Snäckviken, nur 4 km von Visby entfernt, liegt das neue Familienferiendorf *Visby Strandby (Buchung über Gotlands Turistservice).*

Hotel St. Clemens

Eines der wenigen preiswerteren Häuser in Visby, in der Nähe der Kirchenruine St. Clemens gelegen. Das Haus steht unter Denkmalschutz. Alle Zimmer mit TV und Bad. *30 Zi., Smedjegatan 3, Tel. 0498/21 90 00, Fax 27 94 43, www.clemenshotell.se, €€*

Wisby Hotell

Zentral gelegenes Haus mit mittelalterlicher Architektur. *134 Zi., Strandgatan 6, Visby, Tel. 0498/ 25 75 00, Fax 25 75 50, www.wisbyhotell.se, €€€*

AUSKUNFT

Gotlands Turistförening

Skeppsbron 4–6, Visby, Mai–19. Juni und 15. Aug.–Sept. Mo–Fr 8–17 Uhr, Sa und So 10–16 Uhr, 20. Juni–14. Aug. tgl. 8–19 Uhr, Okt. bis April tgl. 8–12 Uhr, Mo–Fr auch 12.30–16 Uhr, Tel. 0498/ 20 17 00, Fax 20 17 17, www.gotland.info

KARLSKRONA

[121 D4] Am Ende einer Bucht hinter den südöstlichen Schären gelegen, verteilt sich Karlskrona (60 000 Ew.) auf zahlreiche Inseln. Jahrhundertelang hat die Marine die Stadt geprägt. Der Beschluss, Karlskrona zum Marinestützpunkt auszubauen, fiel nach dem Frieden von Roskilde (1658). Damals bekam Schweden Teile von Dänemark zugeschlagen. Um das vergrößerte Reich besser verteidigen zu können, wurde ein Flottenstützpunkt im Süden errichtet. Anfang des 18. Jhs. gehörte Karlskrona zu den drei größten Städten des Landes. Mittlerweile ist der Einfluss der Seestreitkräfte stark zurückgegangen. Die beeindruckenden Bauten am Stortorget zeugen aber noch von der früheren Bedeutung Karlskronas.

SEHENSWERTES

Stortorget

Imposant sind die Bauten rund um den zentralen Platz Stortorget, die höchste Erhebung der Stadt. Die *Fredriks-* und die *Dreifaltigkeitskirche* hat der berühmte Architekt Nicodemus Tessin d. J. Mitte des 18.

Auf dem Trockenen: Galionsfiguren im Marinemuseum von Karlskrona

Jhs. im Auftrag der deutschen Gemeinde entworfen. Auf dem Platz steht auch die Statue des ehemaligen Regenten Karl XI. Am 20. Juni, dem Tag vor Mittsommernacht, wird hier alljährlich der *Lövmarknad* abgehalten. Auf dem Markt werden unter anderem hübsche Blumenkränze, geflochten aus Pflanzen der Region Blekinge, verkauft. Am Rande des Stortorget steht auch das Rathaus.

Varvet

★ Das Gelände der alten Werft lässt einen allein durch seine Ausmaße die frühere Bedeutung Karlskronas als Marinestützpunkt erahnen. Der ganze südliche Teil der Halbinsel Trossö ist Werftgelände. Die riesige Reepschlägerbahn (gebaut 1692–93), in der bis 1960 das Tauwerk für Marineschiffe hergestellt wurde, ist mit 300 m Länge Schwedens längster Holzbau. Die Anfang des 18. Jhs. errichteten Trockendocks Lindholmsdock und Polhemsdock waren die ersten ihrer Art im Lande. Sie sind bis heute noch in Betrieb. Während früher aber bis zu 270 Mann in drei Schichten das Dock per Hand mit Hilfe von Ledersäcken leerten, übernehmen heutzutage Pumpen diese Arbeit. *Führungen: Mai und Sept. Sa 12–14 Uhr, Anfang bis Mitte Juni Mi und Sa 12–14 Uhr, Ende Juni–Ende Aug. tgl. 12–14 Uhr, www.navalcity.org*

MUSEUM

Marinmuseum

Hier wird die militärische Geschichte des Ortes lebendig. Gezeigt werden Bootsausrüstungen wie nautisches Gerät und Waffen sowie historische Modelle der auf der Werft gebauten Schiffe. Highlight ist ein gläserner Tunnel, der die Sicht auf ein im Wasser liegendes Schiffswrack aus dem 18. Jh.

freigibt. *Juni–Aug. tgl. 10–18 Uhr, Sept.–Mai Di–So 11–17 Uhr, Eintritt frei, www.marinmuseum.se*

ESSEN & TRINKEN

Nivå
Rustikales, zentral gelegenes Steakhaus. *So geschl., Norra Kungsgatan 1, Tel. 0455/103 71, €€*

ÜBERNACHTEN

Hotell Conrad
Familienhotel im Zentrum. Golfspieler können gegen einen kleinen Aufpreis eine der vielen Anlagen in der Umgebung Karlskronas nutzen. *58 Zi., Västra Köpmansgatan 12, Tel. 0455/36 32 00, Fax 36 32 05, www.hotelconrad.se, €€*

Michel in Vimmerby

STRÄNDE

Die Schären von Karlskrona eignen sich hervorragend für einen Badeausflug. Die größeren von ihnen wie *Aspö, Tjurkö* und *Sturkö* sind auch mit dem Auto erreichbar, schöner ist jedoch eine Bootstour. Auf vielen der Inseln gibt es Feriendörfer und Campingplätze.

AUSKUNFT

Stortorget 2, Juni–Aug. Mo–Fr 9–19 Uhr, Sa und So 9–16 Uhr, Sept.–Mai Mo–Fr 10–17 Uhr, Sa 10–14 Uhr, Tel. 0455/30 34 90, Fax 30 34 94, www.karlskrona.se/turism

ZIELE IN DER UMGEBUNG

Kalmar **[121 D3]**
★ So massiv, als könnte es auch heute von niemandem eingenommen werden, thront das Kalmarer Schloss, das am besten erhaltene Renaissanceschloss des Landes, auf einer eigenen Insel im Slottsfjärden. Kalmar (35 000 Ew.) war lange bedeutende Handelsstadt an der Grenze zur ehemals dänischen Provinz Blekinge. Seit dem Bau der Autobrücke nach Öland ist die Stadt hervorragend für einen Zwischenstopp geeignet. Das Schloss ist heute ein Museum, besonders sehenswert die luxuriösen Schlafgemächer *(Mai, Juni, Sept. tgl. 10–16, Juli 10–18, Aug. 10–17 Uhr, Okt.–April nur am Wochenende bzw. jedes zweite Wochenende geöffnet, Eintritt 75 SEK, Kungsgatan 1, www.kalmarslott.kalmar.se)*.

Von Kalmar sind es noch gut 130 km nördlich bis in die typisch småländische Kleinstadt *Vimmerby*

Im Glasreich: Den Bläsern zusehen können Sie in in der Nähe von Växjö

(8000 Ew.), Astrid Lindgrens Heimatort. *80 km nordöstlich*

Öland **[121 D–E 2–4]**

Rau und lang gestreckt wie die Schneide eines Messers ist die zweitgrößte Insel Schwedens. Weil es nirgends weit zur Küste ist, pfeift der Wind, sobald er einmal weht, überall auf der Insel. Dafür kann man fast überall baden. Auch für Radtouren eignet sich Öland hervorragend. Auf *Schloss Solliden* bei Borgholm verbringt die Königsfamilie ihren Sommerurlaub, der Park kann besichtigt werden *(1. Mai–15. Sept. tgl. 11–18 Uhr, Eintritt 60 SEK, www.sollidenslott.se)*. Sehenswert ist nahe Borgholm (2500 Ew.) auch die Ruine von *Schloss Borgholm*, das Anfang des 19. Jhs. durch einen Brand zerstört wurde *(Museum April und Sept. tgl. 10–16 Uhr, Mai–Aug. tgl. 10–18 Uhr, Eintritt 50 SEK, www.borgholmsslott.se)*. *100 km nordöstlich*

Växjö **[120 C3]**

Die alte Handelsstadt (70 000 Ew.) ist Zentrum des *Glasriket* (Glasreich), wo die traditionsreichen Glashütten Schwedens stehen. Zwischen Växjö und Kalmar sind noch mehr als ein Dutzend Glashütten in Betrieb, die größtenteils besichtigt werden können sowie Glasprodukte ausstellen und verkaufen *(z. B. in Orrefors und Kosta, meist Mo–Fr 9–18, Sa 10–16, So 12–16 Uhr, Eintritt ca. 60 SEK, www.glasriket.se)*.

In Växjö beeindrucken der Dom mit dem Doppelturm und das moderne Konzerthaus. Zwischen 1850 und 1930 haben rund 1 Mio. Schweden ihr Land verlassen, um in Amerika ihr Glück zu suchen – diese Auswanderwelle steht im Mittelpunkt der Ausstellung des *Utvandrarnas Hus (Sept.–April Di–Fr 9–16 Uhr, Sa 11–16 Uhr, Mai–Aug. Mo–Fr 9–17 Uhr, Sa und So 11–16 Uhr, Eintritt 40 SEK, Vilhelm Mobergs gata 4, www.swemi.nu)*. *110 km nordwestlich*

MALMÖ

[120 B5] Die alte Industriestadt im Süden des Landes ist für viele Reisende ihr erster Anlaufpunkt in Schweden. Wer mit dem Zug oder Auto von Kopenhagen aus über die Öresundbrücke anreist, landet fast unweigerlich in der drittgrößten Stadt (270 000 Ew.) Schwedens. Malmö ist zugleich Hauptstadt der Provinz Skåne (Schonen). Der historische Stadtkern liegt auf einer Insel direkt vorm Hauptbahnhof. Ausflugsboote schippern über die Kanäle, eine herrliche Art, um die Hafenstadt zu erkunden. Wer durch die weitgehend verkehrsberuhigten Gassen schlendert, fühlt sich wie in einer Kleinstadt. Ganz anders der neue Stadtkern: Hier reihen sich Plattenbauten an alte Bürgerhäuser.

Stadtleben auf dem Lilla torg, dem »kleinen Platz«

SEHENSWERTES

Gamla Staden
Die Altstadt ist einer der größten Besuchermagneten in Malmö. Im historischen Stadtkern sind viele Geschäfte angesiedelt, daneben gibt es jede Menge Cafés und Restaurants, vor allem rund um den Marktplatz *Stortorget.* Am Architekturstil der Häuser erkennt man die Nähe zu Dänemark, zu dem Malmö lange Jahre gehörte.

Slottsparken
Direkt am Rande der Altstadt gelegen, ist der Schlosspark das zentrale Naherholungsgebiet der Malmöer. Alte Bäume, ein See und Wiesen machen ihn das ganze Jahr über zum beliebten Ziel für freie Nachmittage und Abende.

Västra Hamnen
Auf dem Reißbrett entwarfen Architekten einen neuen Stadtteil, der dem ehemaligen Hafengelände neues Leben einhauchen soll. Hier steht auch Malmös neues Wahrzeichen, das 54 Stockwerke hohe Büro- und Wohnhaus *Turning Torso (www.turningtorso.com).* Mit 190 m Höhe ist es das höchste Wohnhaus Europas.

MUSEEN

Malmö Konsthall
Eine große Halle mit viel Platz für zeitgenössische, zumeist nordeuropäische Kunst. Im angrenzenden Café gibt es am Wochenende Brunch mit Livemusik. *Mo–Fr 11 bis 17 Uhr, Mi bis 21 Uhr, Eintritt*

Insider Tipp

frei, St. Johannesgatan 7, www.konsthall.malmo.se

Rooseum

★ Malmös zweites Haus für zeitgenössische, vor allem nordeuropäische Kunst ist in einem alten Elektrizitätswerk untergebracht. Eine alte Turbine kann noch besichtigt werden. Das Rooseum lädt immer wieder Künstler ein, einige Monate in Malmö zu arbeiten und ihre Werke anschließend hier auszustellen. *Mi 14–20 Uhr, Do–So 12–18 Uhr, Eintritt 40 SEK, Gasverksgatan 22, www.rooseum.se*

Slottet Malmöhus

Im ältesten noch erhaltenen Renaissanceschloss Nordeuropas haben sich gleich mehrere Museen angesiedelt. Neben dem Schlossmuseum gibt es auch eine Art Aquazoo sowie Ausstellungen zur Geschichte und Natur der Region Skåne. *Sept.–Mai tgl. 12–16 Uhr, Juni bis Aug. tgl. 10–16 Uhr, Eintritt 40 SEK, Malmohusvägen, www.malmo.se/museer*

Teknikens och Sjöfartens hus

Technikfreunde kommen in den benachbarten Häusern voll auf ihre Kosten. Ausgestellt werden im Technik- und Schifffahrtsmuseum Fahrzeuge und Flugapparate, Boote und nautisches Gerät von der Wikingerzeit bis heute. Eine neue Dauerausstellung zeigt die Entwicklung Malmös von der Kaufmanns- und Handwerkerstadt zum Industriezentrum und schließlich zur Dienstleistungshochburg. *Sept. bis Mai tgl. 12–16 Uhr, Juni–Aug. tgl. 10–16 Uhr, Eintritt 40 SEK, Malmöhusvägen, www.malmo.se/museer*

ESSEN & TRINKEN

Åtmosfär

Eines der besten Restaurants des Landes. Die leichte Küche mit viel Fisch lässt keine Wünsche offen. Da kann man darüber hinwegsehen, dass der Service in dieser Preisklasse allerdings besser sein könnte. *So und Mo geschl., Fersensväg 4, Tel. 040/12 50 77,* **€€€**

Salt & Brygga

In diesem direkt am Wasser gelegenen Restaurant stehen Meerestiere (z. B. gegrillte Muscheln und Bouillabaisse) ganz oben auf der Speisekarte. Die Köche legen Wert darauf, möglichst viele ökologische Zutaten zu verwenden. *Sa, So geschl., Sundspromenaden 7, Tel. 040/611 59 40,* **€€**

Saluhallen

In den Markthallen in der Altstadt gibt es gleich eine Hand voll Restaurants – vom Schnellimbiss bis zum noblen Fischrestaurant. *So geschl., Johan P. Lilla Torg,* **€ –€€**

Slotträdgårdens Café

Das kleine Café liegt mitten im Schlosspark. Hier werden feine Backwaren wie schwedischer Möhrenkuchen sowie Sandwiches und Salate serviert. Im Sommer hübsch gelegene Sitzplätze in der Sonne. *Sa geschl., Malmöhusvägen 8, Tel. 040/30 40 34,* **€**

ÜBERNACHTEN

Es empfiehlt sich, über die Website *www.malmo.se/turist/boendehotellbokning* zu buchen, dort gibt es immer wieder attraktive Sonderangebote. Insider Tipp

Accome Mazetti
Zentral gelegenes, modernes Haus. Insider Tipp Die großzügigen Zimmer sind alle mit Küchenzeile ausgestattet. *68 Zi., Norra Skolgatan 24, Tel. 040/641 30 00, Fax 641 30 99, www.accome.com, €€*

Formule 1
Zentrale Lage, trotzdem preiswert. Auf gewissen Komfort wie ein eigenes Bad müssen Sie allerdings verzichten. *75 Zi., Lundavagen 28, Tel. 040/93 05 80, Fax 18 36 40, www.hotelformule1.com, €*

Scandic Kramer
Traditionshotel in imposantem Gebäude im Herzen der Stadt. *113 Zi., Stortorget 7, Tel. 040/693 54 00, Fax 693 54 11, www.scandic-hotels.se/kramer, €€€*

AM ABEND

Tempo Bar & Kök
Lokal mit Bar, stets lockere Stimmung. *Tgl., Södra Skolgatan 30, Tel. 040/12 60 21*

AUSKUNFT

Turistbyrå
Centralstationen (Hauptbahnhof), Tel. 040/34 12 00, Fax 34 12 09, Okt.–April Mo–Fr 9–17 Uhr, Sa und So 10–14 Uhr, Mai und Sept. Mo–Fr 9–18 Uhr, Sa und So 10–15 Uhr, Juni–Aug. Mo–Fr 9–19 Uhr, Sa und So 10–17 Uhr, www.malmo.se/turism

ZIELE IN DER UMGEBUNG

Helsingborg **[120 B4]**
Die Geschichte der alten Hafen- und Handelsstadt Helsingborg (90 000 Ew.) geht bis auf das 11. Jh. zurück. Auf einer Anhöhe nicht weit vom Hafen und dem zentralen Platz Stortorget sind noch Reste der alten Festung *Kärnan*, die um 1400 fertig gestellt wurde, erhalten. Vom Turm bietet sich eine schöne Aussicht über Stadt und Sund. Die älteren Stadtteile mit etlichen, mehrere hundert Jahre alten Fachwerkhäusern befinden sich nördlich des Stortorget.

Helsingborg liegt an der engsten Stelle des Öresunds. An schönen Tagen empfiehlt sich eine kurze Schiffstour über den Sund, die mit einem Abstecher in die dänische Nachbarstadt Helsingør verbunden werden kann *(bis zu 40-mal tgl., Tour 20 SEK, www.hhferries.se). 65 km nördlich*

Lund **[120 B4–5]**
Gemütliche Studentenstadt mit prachtvollen Universitäts- und Kirchenbauten. Um 1000 n. Chr. gegründet, ist Lund eine der ältesten Städte Schwedens. Lund wurde bereits 1100 Sitz des Erzbishofs und in der Folge einer der kirchlichen und kulturellen Mittelpunkte Nordeuropas. Im Stadtbild ist das bis heute zu erkennen. Am imposantesten ist die dreischiffige, im romanischen Stil erbaute *Domkirche* (gebaut 1080–1145). Der Mitte des 18. Jhs. von Carl Hårleman angelegte Park *Lundagård* vor der Kirche ist ein Prachtstück der schwedischen Gartenbaukunst.

Etwas kleiner, aber ebenfalls einen Besuch wert ist die *Klosterkirche St. Peters* aus dem 14. Jh. Besonders sehenswert: das klassizistische Hauptgebäude der 1668 gegründeten Universität. Im Freilichtmuseum *Kulturen*, einem der ältesten der Welt (gegründet 1882), wurden rund 40 historische Gebäude aus ganz Südschweden aufgebaut. Zur Sammlung gehören auch Porzellan, Glas, Textilien und Kunsthandwerk vom Mittelalter bis in die Gegenwart *(15. April–Sept. tgl. 11–17 Uhr, Okt.–14. April Di–So 12–16 Uhr, Eintritt 50 SEK, Tegnérsplatsen)*.

Nobel wohnt es sich im *Grand Hotel (84 Zi., Bantorget 1, Tel. 046/280 61 00, Fax 280 61 50, www.grandilund.se, €€€)*. Preiswerter ist das in einem sorgsam renovierten Stadthaus aus der Mitte des 19. Jhs. gelegene *Lilla Hotellet (19 Zi., Bankgatan 7, Tel. 046/32 88 88, Fax 38 58 68, www.lillahotelletilund.se, €€)*. Beide Häuser liegen sehr zentral. *Auskunft: Turistbyrå, Kyrkogatan 11, Tel. 046/35 50 40, Fax 12 59 63, Okt.–April Mo–Fr 10–17 Uhr, Mai und Sept. Mo–Fr 10–17 Uhr, Sa 10–14 Uhr, Juni–Aug. Mo–Fr 10–17 Uhr, Sa und So 10–14 Uhr, www.lund.se. 20 km nordöstlich*

Ystad **[120 C5]**

In den bunten Gassen von Ystad (24 000 Ew.) verfolgt Schwedens wohl berühmtester Kommissar, Kurt Wallander aus den Krimis von Henning Mankell, seine Täter. Die mittelalterliche Kleinstadt ist ein verschlafenes Nest. Doch gerade in dieser Ruhe besteht ihr Reiz. Die zahlreichen Fachwerkhäuser, die gut erhaltene Klosteranlage, die Gassen mit Kopfsteinpflaster und die Bewohner, die alle Zeit der Welt zu haben scheinen, versprechen einen entspannten Aufenthalt.

Auskunft: Turistbyrå, Sankt Knuts Torg, Tel. 0411/57 76 81, Fax 55 55 85, Sept.–Mai Mo–Fr 9–17 Uhr, 1.–19. Juni und 22.–31. Aug. Mo–Fr 9–17, Sa 11–14 Uhr, 20. Juni–21. Aug. Mo–Fr 9–19 Uhr, Sa und So 10–18 Uhr, www.ystad.se. 60 km südöstlich

Prachtvoller klassizistischer Bau: Lund ist seit 1668 Universitätsstadt

Sandstrände und Schären

Strandurlaub vom Feinsten an Schwedens kontrastreicher Westküste, der »Bästkusten«

Die Westküste: ein Kindertraum

Keine andere schwedische Region bietet so abwechslungsreiche Küstenabschnitte wie die Westküste: feine Sandstrände mit bewachsenen Dünen in Halland und das felsige Ufer mit Schären in Bohuslän. Zu Recht nennen die Schweden den Abschnitt zwischen der norwegischen Grenze im Norden und Halmstad im Süden auch *Bästkusten* – beste Küste. In der Hochsaison flanieren Einheimische und Touristen die vielen Promenaden entlang und genießen nach einem erfrischenden Bad direkt am Meer frisch geräucherten Fisch.

Kulturhistorischer Höhepunkt sind die weltberühmten Felszeichnungen von Tanum, die zum Welterbe der Unesco gehören. Während der Bronzezeit ritzten die Menschen hier Jagdszenen und andere Bilder in Felsbrocken.

GÖTEBORG

[120 A2] Obwohl die Stadt mit ihren 480 000 Ew. in etwa nur halb so groß ist wie Stockholm, ist Göteborg mindestens genauso lebendig.

Fischer- und Segelhafen im beliebten Ferienort Smögen

Die Göteborger lieben es, draußen zu sitzen, sobald die Temperaturen es zulassen. In der zweitgrößten Stadt des Landes trifft man sich in den vielen Restaurants mit Terrasse. Prachtstraßen wie die Kungssportsavenyn oder Östra Hamngatan versprühen im Sommer schon beinahe mediterranes Flair. Göteborg ist eine alte Handels- und Industriestadt, in der mittlerweile mehr und mehr das Dienstleistungsgewerbe eingezogen ist. Pompöse Bauten wie in Stockholm gibt es nur wenige.

SEHENSWERTES

Feskekörka

★ Weil die Spitzbögen der 1874 erbauten Halle an ein Gotteshaus erinnern, tauften die Göteborger ihre Fischhalle kurzerhand *Feskekörka* (Fischkirche). Genauso sehens-

Im Hafen von Göteborg

wert wie die Architektur sind die fangfrischen Meerestiere, die hier auch im zugehörigen Restaurant (€€) angeboten werden. *Di–Fr 8–17 Uhr, Sa 8–13.30 Uhr, Rosenlundsgatan*

Götaplatsen

Der am südlichen Ende der Kungssportsavenyn gelegene Platz wurde 1923 anlässlich des 300-jährigen Stadtjubiläums angelegt. Rund um den Poseidonbrunnen des schwedischen Künstlers Carl Milles sind Kunstmuseum, Stadttheater, Konzerthaus und Bibliothek angesiedelt.

Göteborger Hafengebiet

★ Das ehemalige Industrieviertel ist heute eine der interessantesten Gegenden der Stadt. Mit den *paddan* genannten, flachen Ausflugsbooten können Sie an den großen Anlegern vorbei in die Kanäle hineinfahren. Zu Fuß gibt es am meisten rund um den *Packhuskajen* zu sehen. Dort befinden sich die an ein Schiff erinnernde *Oper*, der Turm *Utkikken* mit Café und Aussichtsplattform sowie das schwimmende Schifffahrtsmuseum *Maritima Centrum*.

Guldhedens Vattentorn

Nicht weit vom Botanischen Garten entfernt, liegt etwas versteckt auf einem Berg der Wasserturm von Guldheden. Im Obergeschoss haben Sie vom Café aus eine perfekte Aussicht über Stadt und Umgebung. Im Inneren versprüht das Café eine Atmosphäre zwischen Jugendherberge und Omas guter Stube. Sie können kostenlos Gesellschaftsspiele ausleihen. *April bis Aug. So–Do 11–22 Uhr, Sa 11–18 Uhr, Sven J. Backe*

Insider Tipp

Kungssportsavenyn

★ Zahlreiche Geschäfte, Restaurants und Bars säumen den Göteborger Prachtboulevard. Bereits im Frühjahr pulsiert auf den vielen Terrassen das Nachtleben. Die Kungssportsavenyn und ihre Verlängerung *Östra Hamngatan* führen vom Hafen zum Götaplatsen.

Liseberg

Nordeuropas größter Vergnügungspark. Neben klassischen Kirmesattraktionen wie Riesenrad und Achterbahn gibt es auch ein Kino, Shows sowie Restaurants und Bars. *Ende April–Juni Mo–Fr 15–22 Uhr, Sa 12–23 Uhr, So 12–20 Uhr, Juli–Aug. Mo–Sa 11–23 Uhr, So 10–21 Uhr, Sept. Fr 15–22 Uhr, Sa 11–22 Uhr, So 11–20 Uhr; an ein-*

zelnen Tagen längere Öffnungszeiten, 65 SEK plus Eintritt für Attraktionen, www.liseberg.se

Röda Sten
Alternatives Kulturzentrum auf einem alten Fabrikgelände. Wechselndes Programm mit Kunst, Musik und Tanz. *Mi 12–19 Uhr, Do–So 12–17 Uhr, Eintritt 20 SEK, Röda Sten 1, www.rodasten.com*

MUSEEN

Konstmuseum
Schwerpunkt der Sammlung bildet nordische Kunst, gezeigt werden Werke, die zwischen dem 15. Jh. und heute entstanden sind. In der Fürstenberger Galerie im Obergeschoss werden Bilder der nordischen Maler Ernst Josephson, Carl Larsson, Peder Severin Krøyer und Anders Zorn präsentiert. *Fr–So 11 bis 17 Uhr, Di und Do 11–18 Uhr, Mi 11–21 Uhr, Eintritt 40 SEK, Götaplatsen/Avenyn, www.konstmuseum.goteborg.se*

Maritima Centrum
Am Packhuskajen vor der Oper sind im Maritimen Zentrum alte Segler, Kriegs- und Feuerschiffe sowie ein U-Boot vor Anker gegangen. *März–April und Sept.–Okt. tgl. 10–16 Uhr, Mai–Aug. tgl. 10–18 Uhr, Nov. Mo–Fr 10–16 Uhr, Eintritt 75 SEK, Packhuskajen 81/2, www.maritiman.se*

Världskulturmuseet
Das 2005 eröffnete Völkerkundemuseum zeigt auf anschauliche Weise Objekte verschiedener Kulturen zu Tanz, Mode, Kunst und Musik. *Di, Sa–So 12–17 Uhr, Mi–Fr*

MARCO POLO Highlights »Die Westküste«

★ **Feskekörka**
In der Göteborger Fischkirche werden Meerestiere bestaunt, verkauft und natürlich auch gegessen (Seite 51)

★ **Göteborger Hafengebiet**
Ehemaliges Industrieviertel mit einem schwimmenden Schifffahrtsmuseum (Seite 52)

★ **Haga**
Einkaufen und gemütlich bummeln in Göteborgs altem Arbeiterviertel (Seite 54)

★ **Kungssportsavenyn**
Göteborgs Prachtstraße (Seite 52)

★ **Tanums Hällristningar**
Hier sind die jahrtausendealten Felszeichnungen am besten erhalten (Seite 56)

★ **Kallbadhus**
Ein Stückchen Orient: Das gibt es in Schwedens Westen im Kurort Varberg (Seite 60)

★ **Festung von Varberg**
Uneinnehmbar thront die Festung am Meer (Seite 59)

12–21 Uhr, Eintritt frei, Södra Vägen 54, www.varldskulturmuseet.se

ESSEN & TRINKEN

Freitags bieten einige Bars und Restaurants ein kostenloses After-Work-Buffet: Wer ein Getränk bestellt, muss nichts fürs Essen zahlen. Insider Tipp

Café Brogyllen
Besonders Sahnetortenfans werden diese Konditorei lieben. Auch Kuchen und Sandwiches. Von der kleinen Terrasse schöner Blick über den Großen Kanal. *So geschl. außer im Dez., Västra Hamngatan 2, €*

Heaven 23
Der Himmel ist nah in der 23. Etage der Gothia Towers. In Göteborg gibt es kein höheres Gebäude und vermutlich kein Restaurant mit einem besseren Blick. *Tgl., Tel. 031/750 88 05, €€*

Sjöbaren
Fischrestaurant im Stadtteil Haga. Das Gebäude stammt teilweise aus dem 19. Jh. *Tgl., Haga Nygata 25, Tel. 031/711 97 80, €€*

Smaka
Schwedische Hausmannkost. Mit beheizter Terrasse. *Tgl., Vasaplatsen 3, Tel. 031/13 22 47, €*

EINKAUFEN

Der ehemalige Arbeiterstadtteil ★ *Haga* hat sich zu einem beliebten Wohnort und zur Flaniermeile aller Göteborger entwickelt. Bekleidungsgeschäfte, Buchläden, Secondhandshops, Antiquitätenhandlungen und Cafés säumen die Straßen. *www.hagashopping.nu*

ÜBERNACHTEN

Elite Plaza
Erste Adresse der Stadt. In dem Designhotel steigen Stars wie Bruce Springsteen und Tina Turner ab. Die Zimmer sind klassisch eingerichtet, der Service ist top. *144 Zi., Västra Hamngatan 3, Tel. 031/720 40 00, Fax 720 40 10, www.elite.se/hotell/goteborg/plaza, €€–€€€*

Novotel
Das Haus liegt direkt beim Anleger der Boote, die zwischen Göteborg und Kiel verkehren. Einige Zimmer bieten Blick aufs Wasser. Im Sommer und am Wochenende wohnen zwei Kinder gratis im Zimmer ihrer Eltern, ebenfalls inbegriffen ist der Eintritt für zwei in den Vergnügungspark Liseberg. *148 Zi., Klippan 1, Tel. 031/720 22 00, Fax 720 22 99, www.novotel.se, €€* Insider Tipp

Spar Hotel
Der Name ist hier Programm. Die Übernachtungen in den beiden zentral gelegenen Spar-Hotels sind sehr preiswert. Schlichte Zimmer, aber alle mit Fernseher und Schreibtisch. Für längere Aufenthalte können Sie Räume mit Miniküche buchen. *Spar Hotel Gårda, 170 Zi., Norra Kustbanegatan 15–17, Spar Hotel Majorna, 150 Zi., Karl Johansgatan 66–70, Tel. 031/752 03 10 (beide Häuser), Fax 752 03 99 (Gårda), Fax 751 07 99 (Majorna), www.sparhotel.se, €*

AM ABEND

Die *Kungssportsavenyn* ist auch am Abend erste Wahl. Neben Restaurants und Cafés gibt es dort jede

Göteborg hat sich ein sehr ansehnliches neues Opernhaus geleistet

Menge Bars und Clubs. Mit gleich mehreren Bars wartet das *Nivå (Kungssportsavenyn 9)* auf. Das junge Publikum trifft sich in der *Lounge (Kungssportsavenyn 5)*. Etwas trendiger sind die Lokale an der *Vasagatan* und der *Magasingatan*, z. B. das *Bliss Resto (Magasingatan 3, mit Restaurant)*.

Für Ballett-, Musical- und Opernfreunde lohnt sich immer ein Besuch der 1994 eröffneten *Oper* am Hafen *(Christina Nilssons Gata, Tel. 031/13 13 00, www.operan.se)*. Oder Sie besuchen eine der Abendveranstaltungen im Vergnügungspark *Liseberg (Tel. 031/40 01 00)*.

AUSKUNFT

Turistbyrå

Kungssportsplatsen 2, Sept.–April Mo–Fr 9.30–17 Uhr, Juni–Aug. tgl. 9.30–18 Uhr, Mai Mo–Fr 9.30–18 Uhr, Sa und So 10–14 Uhr, Tel. 031/61 25 00, Fax 61 25 01, www.goteborg.com

ZIELE IN DER UMGEBUNG

Kungälv **[120 A1]**

Im Hochmittelalter war Kungälv eine der größten Städte Norwegens, seit 1658 ist die heutige Kleinstadt (8000 Ew.) schwedisch. Aus der norwegischen Zeit (14. Jh.) existiert noch die mächtige *Festung Bohus (Mai–Aug. tgl. 10–19, Sept. tgl. 11–17, Okt. Sa und So 11–15, April Sa und So 11–17 Uhr)* direkt vor der Stadt. Sehenswert sind auch die Häuser aus dem 18. und 19. Jh. in der *Västragatan* sowie die fürs protestantische Schweden ungewöhnliche farbenfroh ausgeschmückte Kirche mit Barockelementen. *www.vastsverige.com/kungalv. 20 km nördlich*

Lysekil **[120 A1]**

Der historische Fischer- und Badeort (8000 Ew.) erlebte seine Blütezeit im 18. Jh. durch die lukrative Heringfischerei. Einige Häuser aus dieser Zeit sind noch erhalten. Im *Museum Havets Hus (Strandvägen 9,*

Warten auf den Heringsfang: im Fischerort Lysekil

29. Aug.–12. Juni tgl. 10–16 Uhr, 13. Juni–28. Aug. tgl. 10–18 Uhr, Eintritt 75 SEK) sind mehr als 100 verschiedene Arten von Meeresbewohnern der Region zu sehen. *www.lysekil.se. 50 km nordwestlich*

Marstrand **[120 A1]**
Auf einer Felseninsel in den Schären liegt dieses schmucke, im 13. Jh. gegründete Städtchen (1500 Ew). Es kann von Göteborg aus über die Brücke mit dem Auto oder in einer schönen Bootstour erreicht werden. Im 17. Jh. entstand die *Carlstens-Festung (Juni–Aug. tgl. 11–16 Uhr, Sept.–Mai Sa und So 11 bis 16 Uhr, Eintritt 60 SEK, www.carlsten.se)*. Im Sommer wird Marstrand zu einem der Zentren des Segelsports an der Westküste. *www.marstrand.org. 20 km nordwestlich*

Smögen **[120 A1]**
Ursprünglich Fischerort, hat sich Smögen längst zum attraktiven Badeort herausgeputzt. Im Sommer bringt ein Boot Besucher auf die winzige Schäreninsel Hallö. In dem Naturreservat sind viele Vogelarten und 130 verschiedene Gewächse beheimatet. *60 km nordwestlich*

Tanums Hällristningar **[122 A5]**
★ Die Gemeinde Tanum ist berühmt für die vielen Zeichnungen, die vor über 2500 Jahren in Granitfelsen geritzt wurden. An mehr als 250 Stellen sind Felsbilder zu finden, die oftmals Jagdszenen darstellen. Sie wurden 1994 in die Welterbeliste der Unesco aufgenommen. Die größten Abbildungen gibt es in Vitlycke, etwas südlich von Tanum. Dort können Sie sich auch in einem Museum über die Entstehung der Zeichnungen und die Lebensbedingungen während der Bronzezeit informieren. *Vitlycke 2, April–Sept. tgl. 10–18 Uhr, Eintritt 60 SEK, vitlyckemuseum.se. 130 km nördlich*

Tjörn **[120 A1]**
Gut mit dem Auto zu erreichende, größere Schäreninsel (15 000 Ew.) mit der einzigartigen rauen Natur der Westküste. Umfangreiche Freizeitangebote wie Schwimmen, Reiten und Wandern. Das neue nordische *Aquarellmuseum* am Strand von Skärhamn *(Okt.–Mai Di–So 12–17 Uhr, Do 12–20 Uhr, Juni bis Sept. tgl. 11–18 Uhr, Eintritt Okt.–Mai 45 SEK, Juni–Sept. 70 SEK, Södra Hamnen 6, www.akvarellmuseet.org)* stellt mitten in der Provinz renommierte Maler wie den Dänen Michael Kvium aus. Das Museumsrestaurant bietet

einen der schönsten Ausblicke in der Gegend auf die unzerstörte Natur der Schären. Insider Tipp Einige Gästeateliers können als Unterkunft gemietet werden. *70 km nordwestlich*

Uddevalla **[122 A6]**
Weil der historische Handelsort (30 000 Ew.) im 19. Jh. zweimal von verheerenden Bränden heimgesucht wurde, stammen die meisten Gebäude aus der Zeit nach 1800. Auf dem *Kungstorget* steht die Statue von Karl X. Gustav und seinem Ratgeber Erik Dahlberg (1625 bis 1703). Im *Bohusläns Museum (Di–Do 10–20, Fr–So 10–16 Uhr, Eintritt frei, Museigatan 1, www.bohusmus.se)* wird die Geschichte der Region erzählt. *80 km nördlich*

HALMSTAD

[120 B3] Die Hafenstadt (60 000 Ew.) ist das Zentrum der Region Halland. Sie erstreckt sich über weite Teile der nördlichen Laholmbucht. Im Stadtgebiet gibt es jede Menge Strände und schöne Uferpromenaden, die im Sommer gut besucht sind. Von den 1920er- bis in die 1970er-Jahre hinein arbeitete in der Stadt die *Halmstadgruppe,* ein Zusammenschluss surrealistischer Künstler. Deren Werke schmücken Rathaus und Stadtbibliothek. In einem Park am Ufer des Nissan stehen Skulpturen von Pablo Picasso sowie des schwedischen Bildhauers Walter Bengtsson.

SEHENSWERTES

Galgberget
Der bewaldete Hügel ist ein beliebtes Ausflugsziel. Vom Aussichtsturm des *Freilichtmuseums (11. Juni–14. Aug. tgl. 12–18 Uhr, von außen können die Gebäude stets besichtigt werden)* bietet sich ein guter Blick über die Stadt.

Norre Port
Das nördliche Stadttor wurde zu Beginn des 17. Jhs. als Teil der

Felsbilder von Tanum: vor mehr als 2500 Jahren in Stein geritzt

Stadtbefestigung des neuen Halmstad errichtet. Von dort aus führt die *Storgatan* mit ihren prächtigen alten Häusern zum *Stora Torget.* Auf der anderen Seite des Stadttores befindet sich der *Norre Katts Park,* ein kleines Naherholungsgebiet direkt am Fluss Nissan.

Övraby Kyrkoruin
Die Kirchenruine ist das einzige Überbleibsel aus der Zeit Anfang des 13. Jhs., als Halmstad entstanden ist.

Schloss
Das Anfang des 17. Jhs. vom dänischen König erbaute Schloss ist heute die Residenz des *landshövding* (Landeshauptmann) von Halland. An einigen Tagen im Sommer kann es nach Voranmeldung besichtigt werden *(Tel. 035/13 20 31, Eintritt 30 SEK).* Am Ufer des Nissan hat das ehemalige Segelschulschiff *Najaden* festgemacht *(im Sommer Besichtigungen möglich, Anfragen im Turistbyrå).*

MUSEEN

Länsmuseet Halmstad
Stadt- und Kunstmuseum in einem. In der Kunstgalerie werden Werke schwedischer Künstler des 20. Jhs., darunter auch der Halmstadgruppe, gezeigt. *Di, Do–So 12–16 Uhr, Mi 12–20 Uhr, Eintritt 40 SEK, Tollsgatan, www.hallmus.org*

Mjellby Kunstmuseum
Das Museum zeigt Werke der legendären surrealistischen Künstlervereinigung *Halmstadgruppen* sowie wechselnde Ausstellungen anderer Künstler. *6. März–30. Okt. Di–So 13–17 Uhr, Eintritt 50 SEK, Mjellby Konstpark, www.halmstad.se/mjellby*

ESSEN & TRINKEN

Lilla Helfwetet
Direkt am Fluss Nissan gelegenes Restaurant mit guter Küche und umfangreicher Weinkarte. Abends mit Unterhaltungsprogramm. *So geschl., Hamngatan 37, Tel. 035/21 04 20,* €€

ÜBERNACHTEN

Tylebäck
Schickes Haus in naturnaher Umgebung. Auch Vermietung von Hütten. *40 Zi., Kungsvägen 1, Tel. 035/19 18 00, Fax 324 60, www.tyleback.com,* €– €€

STRAND

Tylösand
Bekanntester Badestrand der Region mit langem Sand- und Klippenstrand. Auf dem Weg nach Tylösand liegt das *Miniland,* in dem schwedische Sehenswürdigkeiten in Miniatur nachgebaut sind *(Halmstad Äventyrsland, 24. Juni–1. Sept. tgl. 10–20 Uhr, Eintritt 150 SEK, Gamla Tylösandsvägen).* Im großzügigen Ambiente des *Tylösand Spa-Hotels (225 Zi., Tylohusvägen, Tel. 035/305 00, Fax 324 39, www.tylosand.se,* €€– €€€) lässt es sich gut entspannen. Mit empfehlenswertem Restaurant *Akvarell.*

AUSKUNFT

Turistbyrå
Halmstad Slott, Mo–Fr 9–17 Uhr, Mai–Juni auch Sa 10–15 Uhr, Juli–Aug. zusätzlich So 11–18 Uhr,

Tel. 035/13 23 20, Fax 15 81 15, www.halmstad.se/turist

ZIELE IN DER UMGEBUNG

Simlångsdalen **[120 B3]**
Dieses kleine Tal ist eine grüne Oase. Besonders im Hochsommer hervorragend für Spaziergänge geeignet, da die vielen Bäume Schatten spenden. Sehenswert auch der Wasserfall *Danska fall. 20 km östlich*

Tönnersa Flygsandsfält **[120 B3]**
Ein Stück Sahara an Schwedens Westküste: riesige Sandfläche mit Dünen und windzerzausten Bäumen zwischen Landstraße, Meer und dem Fluss Lagan (ein guter Ort zum Fischen). *15 km südöstlich*

VARBERG

[120 B2–3] Der traditionsreiche Kurort (25 000 Ew.) liegt direkt an der Ostsee. Dort, wo der Abstand zum dänischen Festland besonders gering ist, war Varberg lange bevorzugtes Angriffsziel der Nachbarn. Geblieben ist aus diesen Zeiten die beeindruckende Festung direkt am Meer. Varberg selbst entwickelte sich vom Kriegsschauplatz zum friedlichen Urlaubsort. Wo einst gegen die Dänen gekämpft wurde, gehen heute die Besucher am Sandstrand spazieren.

SEHENSWERTES

Festung von Varberg
★ Schweden und Dänen kämpften lange Zeit um den Südwesten des heutigen Schwedens. Die auf einem Felsen gelegene massive Festung aus dem 13. Jh. sollte Eindringlinge, die vom Meer kamen, abhalten. Heute sind dort eine Jugendherberge *(40 Zi., Varberg Fästning, Tel. 0340/887 88, Fax 62 70 00, www.turist.varberg.se/*

Tylösand zieht wegen seines schönen Strandes viele Touristen an

Orient an der Ostsee: das reich verzierte Kallbadhus in Varberg

vandrarhem, €), ein Restaurant sowie das regionale Museum *(Mo–Fr 10–16 Uhr, Jan.–Aug. auch Sa–So 12–16 Uhr, Eintritt 40 SEK)* untergebracht.

Getterön
Hunderte von Vogelarten können auf dieser der Stadt vorgelagerten Insel beobachtet werden. Im Herbst legen auf Getterön Zugvögel einen Zwischenstopp ein.

Kallbadhus
★ Nur über eine hölzerne Brücke ist das auf Stelzen im Wasser stehende Badehaus zu erreichen. Mit den verspielten Ornamenten erinnert das 1820 errichtete Gebäude an die orientalische Architektur. Mit zwei öffentlichen Saunen.

Torget
Der Marktplatz bildet das Zentrum von Varberg. Im Gegensatz zu vielen anderen schwedischen Orten hat er hier seinen ursprünglichen Charakter bewahrt. Statt Parkhaus, Supermarkt und Einkaufszentrum sind am Torget noch Rathaus, Kirche und Hotel versammelt.

ESSEN & TRINKEN

Wärdshuset
Einfaches, aber gemütliches Wirtshaus mit Terrasse. *Tgl., Kungsgatan 14, Tel. 0340/801 11, €*

ÜBERNACHTEN

Varberg Kurort & Spa
Imposantes Spa-Hotel mit allen erdenklichen Annehmlichkeiten: Massageabteilung, Schwimmbad und umfangreiches Kursangebot (z. B. Yoga und Gymnastik). *106 Zi., Nils Kreugers väg 5, Tel. 0340/62 98 00, Fax 62 98 50, www.varbergskurort.se, €€– €€€*

AUSKUNFT

Turistbyrå
Brunnsparken, Mo–Fr 9.30–17 Uhr, Juni–Aug. teilweise auch am Wochenende, Tel. 0340/868 00, Fax 868 07, www.turist.varberg.se

ZIELE IN DER UMGEBUNG

Falkenberg [120 B3]
Mit den stillen Gassen und dem Fluss, der mitten durch den Ort fließt, ist Falkenberg (20 000 Ew.) der richtige Ort zum Schlendern. Namen und Wappentier hat die Hafenstadt wegen der früher dort stark verbreiteten Falkenjagd bekommen. Der Fluss Ätran ist einer der lachsreichsten Gewässer der Gegend. *30 km südlich*

Galtabäck [120 B3]
Fischerort, der seine Blütezeit Anfang des 20. Jhs. erlebt hat. Das Schiffsmuseum in der ehemaligen Lebensrettungsstation präsentiert historische Boote *(Båtmuseet, Juni–Aug. Sa und So 13–16 Uhr, Eintritt 10 SEK). 10 km südöstlich*

Nidingen [120 A2]
Auf der 300 000 m^2 großen Insel wurde 1645 Schwedens erster Leuchtturm errichtet. Seit Anfang des 19. Jhs. stehen dort zwei steinerne Doppelleuchttürme. Die Vegetation ist spärlich, das Vogelleben vielfältig. Im Sommer ist Nidingen per Boot von Skallahamn und Gottskär erreichbar. *30 km nordwestlich*

Ugglarp [120 B3]
Strand und Naturreservat mit altem Eichenbestand, Campingplatz und Ferienhäusern *(www.uggla.nu)*. In *Svedinos Bil- och Flygmuseum* sind 140 historische Autos und 30 Flugzeuge ausgestellt *(Mai und Sept. Sa–So 11–15 Uhr, 1. Juni–24. Juni und 15. Aug.–31. Aug. tgl. 11–16 Uhr, 25. Juni–14. Aug. tgl. 10–18 Uhr, Eintritt 70 SEK, www.svedinos.se). 40 km südlich*

Snusen erlaubt

Nur jeder fünfte Schwede raucht Zigaretten, aber Tabak ist trotzdem beliebt

Glimmstengel sind in Schweden selten zu sehen – nur rund jeder Fünfte raucht. Nirgendwo sonst in Europa rauchen so wenig Menschen wie in Schweden. Dafür ist *snusen* weit verbreitet. Snus ist ein Tabak, der zwischen Lippe und Zahnfleisch geklemmt wird und dort Geschmack und Wirkung verbreitet. Obwohl die Meinungen darüber auseinander gehen, ob Snus genauso Krebs erregend ist wie Rauchtabak, ist Snus in keinem anderen Land der EU erlaubt. Schweden bekam wegen der langen Tradition des *snusens* eine Ausnahmegenehmigung. Das Rauchen in Gaststätten und Diskotheken ist seit Sommer 2005 verboten – für viele Schweden ein Grund mehr, zum Snus zu greifen. Eine der bekanntesten Sorten ist der *Göteborgs Snus*.

Land der Seen und der Wälder

Mittelschweden ist ein Paradies für Paddler und Angler, für Wanderer und Reiter

Vänern, Vättern und Hjälmaren – drei der vier größten Seen des Landes liegen in Mittelschweden. Damit nicht genug, in der Gegend gibt es zudem zahllose kleinere Seen und Flüsse. Kanufahrer und Angler kommen in und an Mittelschwedens Gewässern voll auf ihre Kosten. Reiter und Wanderer erfreuen sich an den tiefen Wäldern, die große Teile Mittelschwedens bedecken. Stadtfreunden sei ein Abstecher nach Karlstad, Örebro und Uppsala empfohlen.

KARLSTAD

[122 B4] Genau dort, wo der Klarälv, der längste Fluss Schwedens, in den Vänern, den größten See des Landes, mündet, liegt Karlstad (60 000 Ew.). Dem Stadtbild ist die über 400 Jahre alte Geschichte des Ortes nicht anzumerken. Weil 1865 ein Brand große Teil von Karlstad zerstörte, stammen die meisten Häuser aus dem 19. Jh. und später. Ein Besuch lohnt vor allem wegen der reizvollen Umgebung mit Strand und Wald.

Zimmer mit Aussicht: idyllisches Ferienhaus am Waldrand

SEHENSWERTES

Almen
Die alten Gebäude dieses Stadtviertels gehören zu den wenigen, die vom Brand von 1865 verschont blieben. Dazu gehören die Residenz des Bischofs *(biskopsgården)* und die *Domkirche*, beide stammen aus dem 18. Jh.

Mariebergsskogen
Der Stadtpark ist nicht nur herrlich für Spaziergänge, es gibt auch einen Zoo mit heimischen Tieren, ein Freilichtmuseum und ein Strandbad. *www.mariebergsskogen.se*

MUSEUM

Sprängtekniska museet
Im Museum für Sprengtechnik wird die Entwicklung der Verteidigungsbranche anhand des Unternehmens Zakrisdal erläutert. *Tgl. nach Voranmeldung unter 054/ 56 70 00, Eintritt frei, Zakrisdalsslingan 5*

ESSEN & TRINKEN

Valfrids Krog
Internationale Küche mit schwedischem Touch. Der Speisesaal ist mit

typisch schwedischen Möbeln aus unterschiedlichen Epochen eingerichtet. *Mo geschl., Östra Torggatan 8, Tel. 054/18 30 40, €€*

ÜBERNACHTEN

Elite Stadshotellet

Traditionsreiches, 1870 eröffnetes Nobelhotel in zentraler Lage direkt am Fluss. *139 Zi., Kungsgatan 22, Tel. 054/29 30 00, Fax 29 30 31, www.karlstad.elite.se, €€€*

Freden

Zentral gelegenes Familienhotel mit Jugendherberge. *14 Zi., Fredsgatan 1a, Tel. 054/21 65 82, Fax 21 89 43, www.fredenhotel.com, €*

AM ABEND

In Karlstads Opernhaus werden auch Musicals aufgeführt *(Älvgatan 49, Ticket-Tel. 054/21 03 90, www.varmlandsoperan.se)*. In der *nöjesfabriken*, einer alten Fabrikhalle, können Sie Bowling spielen, verschiedene Bars aufsuchen oder Livekonzerte hören *(Karlagatan 42, Tel. 054/22 22 00, www.nojesfabriken.se)*.

FREIZEIT & SPORT

Strände

Im Stadtgebiet gibt es mehrere Bademöglichkeiten, sogar direkt vorm Theater kann man ins Wasser springen. Etwas westlich außerhalb der Stadt liegen der große Sandstrand *Bomstad-Baden* mit Campinganlage und das Waldbad *Skutberget.*

Wandern

Der 12 km lange Wanderweg *Frödingleden* führt von Karlstad in das südliche Alstertal. Es geht über Wald und Wiesen vorbei an Seen mit Badeplätzen.

AUSKUNFT

Turistbyrå

Västra Torggatan 26, Mo–Do 9–18 Uhr, Fr 9–17 Uhr, Sa 11–15 Uhr, Tel. 054/29 84 00, Fax 29 84 10, www.karlstad.se/turistinfo

ZIELE IN DER UMGEBUNG

Alsters Herrgård [122 B4]

Der Gutshof von 1772, auf dem der Värmländer Dichter Gustav Fröding 1860 geboren wurde, ist heute ein Museum mit Café. Eine Ausstellung widmet sich auch anderen Dichtern der Region. Im Sommer zudem Veranstaltungen wie Konzerte. *Mai–Aug. tgl. 11–18 Uhr, Sept.–April jedes erste Wochenende im Monat 12–16 Uhr, Eintritt 20 SEK. 10 km östlich*

Åmål [122 B5]

★ Kleiner Ort (10 000 Ew.) am See Vänern mit schönen Badeplätzen. Berühmt geworden ist er durch den Film »Raus aus Åmål«, der eine lesbische Teenagerliebe in der schwedischen Provinz schildert. *Örnas Camping* beim Strandbad Örnas bietet kleine Holzhütten direkt am Seeufer *(Tel. 0532/170 98, www.amal.se). 75 km südwestlich*

Filipstad [122 C4]

Bergbau und Brot haben den Ort (9000 Ew.) bekannt gemacht. Die Grubenanlagen sind längst nicht mehr in Betrieb, manche sind zum Museum umgebaut worden, z. B. das *Nordmarksmuseum (Mo–Fr 11 bis 17 Uhr, Juni–Aug. auch Sa–So 13–17 Uhr, Eintritt 40 SEK, an der 246 zwischen Filipstad und Hagfors, www.nordmarksmuseum.com).* In der Nähe der Anlage kann gefischt werden. Das Unternehmen, das das weltberühmte Wasa-Knäckebrot produziert, gehört mittlerweile zur italienischen Nudelfirma Barilla. Gruppen können die Produktionsanlagen nach Voranmeldung beim Turistbyrå besichtigen *(Eintritt 60 SEK, Tel. 0590/613 54). 60 km nordöstlich*

Karlskoga **[122 C4]**
Am nördlichen Ufer des Möckelnsees und am Fluss Svartälven gelegen, ist Karlskoga (30 000 Ew.) ein hervorragender Ausgangspunkt für mehrstündige oder auch mehrtägige Kanutouren *(z. B. Valåsens Kanotuthyrning, Nedre Älvgårdsvägen, Tel. 0586/72 82 20, www.valasenkanot.se).* Alfred Nobel verhalf dem Ort zum wirtschaftlichen Aufschwung, als er das Eisenwerk Bofors übernahm. Das Haus samt Labor, in dem der Stifter des Nobelpreises etliche Erfindungen gemacht hat, kann besichtigt werden *(Juni–Aug. tgl. 10–17 Uhr, Sept. bis Mai nur nach Voranmeldung, Eintritt 60 SEK, www.nobels-bjorkborn.t.se). www.karlskoga.se. 65 km östlich*

ÖREBRO

[122 C5] Sanft schlängelt sich der Fluss Svartån durch Örebro (100 000 Ew.), um dann im Osten der Stadt in den See Hjälmaren zu münden. Früher wurden die Gewässer als Handelsstraße auf dem Weg nach Stockholm genutzt. Auch heute ist die Stadt mit ihrem massiven Schloss und der reizvollen Lage am Fluss eine interessante Station auf dem Weg von der Hauptstadt ins Hinterland.

MARCO POLO Highlights »Mittelschweden«

★ **Åmål**
Der kleine Ort wurde durch den Film »Raus aus Åmål« berühmt – fahren Sie hin, um zu sehen, wie es sich mitten in Schweden lebt (Seite 64)

★ **Linnés Hammarby**
Zwischen Uppsala und Stockholm gelegenes Blumenparadies des Botanikers Carl von Linné (Seite 70)

★ **Motala**
Traumhaft liegt die Stadt umgeben von Götakanal und Vätternsee (Seite 67)

★ **Domkyrka**
Der Dom zu Uppsala ist die größte Kirche Nordeuropas (Seite 68)

★ **Sigtuna**
Der Ort sieht aus wie ein Freilichtmuseum, so gut sind die alten Häuser erhalten (Seite 71)

Eher mächtig als prächtig: Schloss Örebro thront auf einer Flussinsel

SEHENSWERTES

Örebro Slott

Das mächtige Schloss thront auf einer Insel im Fluss Svartån. Vorläufer gab es bereits im 13. Jh., in seiner heutigen Form existiert es seit Ende des 19. Jhs. *Mo–Fr 12–18 Uhr, Sa und So 10–14 Uhr, Eintritt 50 SEK, Führung auf Anfrage (Buchung übers Turistbyrå, z. B. auch Geisterwanderung für Kinder), www.orebro.se/slottet*

Insider Tipp

Svampen

58 m hoher Wasserturm aus den 1950er-Jahren. Café. *Sa–So 11 bis 16 Uhr, Mai–Aug. tgl. 10–18 Uhr, Eintritt 20 SEK, Dalbygatan 4, www.svampen.nu*

MUSEUM

Wadköping

Statt sie abzureißen, wurden seit 1965 einige von Örebros ältesten Häusern zu einem Freilichtmuseum mitten in der Stadt umgebaut. Ältestes Gebäude ist die *Kungsstugan,* ein rustikales, rotes Holzhaus aus dem 16. Jh. Im Sommer gibt es hier Konzerte, Puppentheater und einen Mittelaltermarkt. *Di–So 11–16 Uhr, Eintritt frei, www.orebro.se/wadkoping*

ESSEN & TRINKEN

Strömpis

Europäische Küche zu günstigen Preisen. Abends Nachtklub. *So geschl., Slottsparken, Tel. 019/18 55 50, www.strompis.se,* €

ÜBERNACHTEN

Radisson SAS

Erstklassiges Haus mitten im Zentrum. Helle Zimmer in klarem Design. *136 Zi., Kungsgatan 14, Tel. 019/670 67 00, Fax 670 67 50, www.radissonsas.com,* €€€

FREIZEIT & SPORT

Reiten

Der Reiterhof *Frötuna Gård* bietet mehrstündige Reittouren sowie mehrtägige Reitlager für Erwachsene und Kinder. Geritten wird auf Islandpferden. *Ab 40 Euro für 1,5 Std. bzw. ab 300 Euro für 2,5 Tage, Tel. 0581/62 12 11, www.frotunagard.se. 30 km westlich von Örebro*

Strände

In der Umgebung von Örebro gibt es mehrere, meist kleine Strände am See Hjälmaren. Mit dem Bus erreichbar ist der von Wald umgebene Sandstrand *Dimbobaden.*

Wandern

Der Wanderweg *Bergslagsleden* führt in 17 Etappen, die zwischen 10 und 25 km lang sind, durch Wälder und über Wiesen an Örebro vorbei. Mit Auto oder Bus von Örebro gut erreichbar sind beispielsweise die jeweils 16 km langen Etappen Mogetorp–Blankhult oder Mogetorp–Digerberget.

AUSKUNFT

Turistbyrå

Slottet, Sept.–Mai Mo–Fr 10–18 Uhr, Sa und So 10–14 Uhr, Juni bis Aug. Mo–Fr 10–18 Uhr, Sa und So 10–16 Uhr, Tel. 019/21 21 21, Fax 10 60 70, www.orebro.se/turism

ZIELE IN DER UMGEBUNG

Arboga **[123 D4]**

Im 13. Jh. war die Stadt (10 000 Ew.) bedeutender Handelsort und Tagungsplatz für Kirche und Adel. Weite Teile der mittelalterlichen Holzbebauung sind noch erhalten. Ein Gang über die Västerlanggåtan führt dem Besucher eindrucksvoll die alte Pracht vor Augen. Im *Arboga Museum* ist das Heim des Großhändlers Anders Örström rekonstruiert worden, angeschlossen ein Brauereimuseum *(Di–Do und Sa 11–14 Uhr, Eintritt frei, www.arbogamuseum.se). 45 km nordöstlich*

Grythyttan **[122 C4]**

In dem Dorf (1000 Ew.) treffen klassische rote Holzhäuser auf modernste Architektur. Rund um den zentralen Platz *torget* stehen Häuser aus dem 17. Jh. Das futuristische *Måltidens Hus* diente 1992 als schwedischer Pavillon auf der Weltausstellung in Sevilla. Heute ist das Haus als Museum eingerichtet, das sich ganz dem Thema Essen und kulinarische Kunst widmet. Außerdem Kochbuchbibliothek, Kochhochschule und Restaurant. *Mo–Fr 10–16 Uhr, Sa und So 10.30–15 Uhr, Eintritt frei, Sörälgsvägen 4, www.maltidenshus.com. 70 km nordwestlich*

Motala **[122 C6]**

★ Die in einer Bucht am nordöstlichen Ufer des Vättern gelegene Stadt (30 000 Ew.) ist einer der zentralen Punkte des Götakanals, der Göteborg mit Stockholm verbindet. Graf Baltzar von Platen, unter dessen Kommando der Kanal vor rund 200 Jahren erbaut wurde, liegt hier direkt an seinem Lebenswerk begraben. Das *Kanalmuseum* informiert über die Geschichte des Baus *(Mai–Aug. tgl. 10–18 Uhr, Eintritt 40 SEK, Varvsgatan). 95 km südlich*

Norrköping **[123 D6]**

Als Standort der Metall-, Textil- und Papierindustrie war Norrköping

Arbetetsmuseum in Norrköping

(85 000 Ew.) lange einer der bedeutendsten Industriestädte Schwedens. Das Gelände, auf dem damals viele Fabriken standen, ist heute ein Freilichtmuseum *(Industrilandskapet mit Arbetetsmuseum, tgl. 11–17 Uhr, Eintritt frei, www.arbetetsmuseum.se)*. Zentrum bildet die Anlage der mittlerweile stillgelegten Papierfabrik, die besichtigt werden kann. Das örtliche *Kunstmuseum (Di, Do–So 12–16 Uhr, Mi 12–20 Uhr, Eintritt 40 SEK, Kristinaplatsen, www.norrkoping.se/konstmuseet)* bietet eine umfangreiche Sammlung schwedischer Kunst des 20. Jhs. *120 km südöstlich*

Vadstena **[122 C6]**
Kleiner Ort (6000 Ew.) mit imposantem Schloss und Kloster. Gustav Vasa ließ 1545 das beeindruckend massive Schloss errichten. 1850 wurde die alte Ringmauer um das Gebäude abgerissen, um die Steine beim Bau eines Hafenpiers für den Götakanal zu verwenden. Die später heilig gesprochene Brigitta gründete im 14. Jh. das örtliche Kloster. Gustav Vasa baute es später zu einem Soldatenheim um. Es entstand ein neues Klostergebäude mit einer beeindruckenden Kirche. Mehrere Badestellen. *www.vadstena.com. 110 km südlich*

Uppsala

[123 E4] Majestätisch thront das Schloss über Uppsala. Man könnte fast meinen, die viertgrößte Stadt des Landes (125 000 Ew.) und nicht Stockholm sei der Sitz der Königsfamilie. In Uppsala residiert seit langem eine andere bedeutende Persönlichkeit: der evangelische Erzbischof von Schweden. Die Domkirche ist die größte Kirche Nordeuropas. Uppsala hat noch einen Superlativ zu bieten: Nordeuropas älteste Universität. Die traditionsreiche Studentenstadt wird durch den Fluss Fyrisån zweigeteilt. Schloss, Universität sowie Dom und damit die meisten Sehenswürdigkeiten der Stadt stehen im westlichen Teil.

SEHENSWERTES

Domkyrka
★ Die Turmspitzen des 119 m hohen Doms zu Uppsala sind an jeder Stelle der Stadt zu sehen. Das im 13. Jh. erbaute Gotteshaus ist die größte Kirche Nordeuropas. In ihrer derzeitigen Form steht sie seit einer umfassenden Renovierung Ende des 19. Jhs.

Slottet
Auf der höchsten Erhebung der Stadt liegt das von Gustav Vasa im

16. Jh. als Festung angelegte Schloss. Hier hat Schwedens wohl berühmteste Königin, Kristina, ihre Krone zurückgegeben. Schöner Blick über die Stadt. *Englischsprachige Führungen Juni–Aug. tgl. 13 und 15 Uhr, deutscher Audioguide erhältlich, Eintritt 45 SEK*

Universitetet

Die 1477 gegründete Hochschule ist Nordeuropas älteste Universität. Das imposante Hauptgebäude in italienischem Renaissancestil wurde 1887 eingeweiht. Dort hängt ein Großteil der umfangreichen Kunstsammlung der Hochschule. Sehenswert sind auch die prachtvolle Aula sowie die Bibliothek Carolina im Nebengebäude. Im *Haus Gustavianum* können Sie das 1662 konstruierte *anatomiska teatern* (Anatomisches Theater) bestaunen. Damit alle Medizinstudenten den Obduktionen des Professors folgen konnten, wurden die Bänke des Hörsaals extrem steil angelegt – wie in einem Theater können die hinteren Ränge über die Köpfe der vorderen hinwegschauen. *Öffnungszeiten je nach Vorlesungszeiten, Eintritt Unigebäude frei, verschiedene zur Uni gehörende Museen ca. 40 SEK*

Insider Tipp

MUSEEN

Linnéträdgården

Im ehemaligen Zuhause von Schwedens weltberühmtem Botaniker Carl von Linné werden dessen Forschungsarbeiten an Pflanzen anschaulich dokumentiert. Das Haus ist größtenteils noch originalgetreu wie zu Linnés Zeiten im 18. Jh. eingerichtet. Sehenswert auch der große Garten vor dem Haus mit den unterschiedlichsten Pflanzen. *Juni–15. Sept. Di–So 12–16 Uhr, Eintritt 30 SEK, Garten Mai–Aug. tgl. 9–21 Uhr, Sept. tgl. 9–19 Uhr, Svartbäcksgatan 27, www.linnaeus.uu.se*

Gute Sicht für alle Anatomiestudenten: extrem steil angelegter Hörsaal

Uppsala Konstmuseum
Das Kunstmuseum im Südflügel des Schlosses bietet eine umfangreiche Sammlung an Grafiken, daneben finden Wechselausstellungen mit zeitgenössischer Kunst statt. *Di–Fr 12–16 Uhr, Sa und So 11–17 Uhr, Eintritt 30 SEK, Schloss Eingang E, www.uppsala.se/konstmuseum*

ESSEN & TRINKEN

Domtrappkällaren
In den jahrhundertealten Gemäuern werden vor allem Fleisch und Wild serviert. Umfangreiche Weinkarte. *So geschl., St. Eriksgränd 15, Tel. 018/13 09 55, www.domtrappkallaren.se,* €€

Flustret
Preiswerte Küche in ungewöhnlichem Ambiente. Wie ein hölzernes Lustschloss sieht der Pavillon aus, in dem das Restaurant untergebracht ist. In der Bar treffen sich vor allem jüngere Leute. *So geschl., Mo–Mi abends, Sa mittags geschl., Svandammen 1, Tel. 018/10 04 44,* €

ÜBERNACHTEN

Insider Tipp **Akademihotell**
Erste Wahl für alle, die preiswert und zentral in schönem Ambiente wohnen wollen. Das Hotel gehört zur Universität, sein ältester Gebäudeteil stammt von 1698. *27 Zi., Övre Slottsgatan 5A, Tel. 018/15 51 90, Fax 10 29 17, www.akademihotellet.uu.se,* €€

Grand Hotell Hörnan
Luxuriöses Haus in prachtvollem Gebäude mitten im Zentrum. *37 Zi., Bangårdsgatan 1, Tel. 018/13 93 80, Fax 12 03 11, www.grandhotellhornan.com,* €€€

AM ABEND

Als Studentenstadt hat Uppsala vor allem für die jüngeren Leute jede Menge Bars und Diskotheken zu bieten.

Katalin
In einem ehemaligen Lager der schwedischen Eisenbahn. Bar, Restaurant und Musikklub in einem, bietet das Katalin preiswertes Essen und Konzerte internationaler und schwedischer Musiker. *Godsmagasinet Östra Station, Tel. 018/14 06 80, www.katalin.com*

AUSKUNFT

Turistbyrå
Fyristorg 8, Mo–Fr 10–18 Uhr, Sa 10–15 Uhr, 13. Juni–14. Aug. auch So 12–16 Uhr, Tel. 018/727 48 00, Fax 13 28 95, www.uppland.nu

ZIELE IN DER UMGEBUNG

Linnés Hammarby [123 E4]
★ So eine Ferienresidenz wünscht sich wohl jeder: typisch schwedische rot-weiße Holzhäuser, umgeben von einem Park, der schön angelegt ist, ohne steril zu wirken. 19 Jahre lang lebte der Botaniker Carl von Linné (1707–1778) in den Sommermonaten in Hammarby. Ein großer Teil der Blumenvielfalt, die er in seinem Garten anpflanzte, ist noch erhalten. Der Staat hat das Grundstück bereits 1879 gekauft und einem seiner berühmtesten Söhne ein kleines Museum gewidmet. *Park Mai–Sept. tgl. 8–20 Uhr, Museum Di–So 12–16 Uhr, Eintritt*

30 SEK, www.hammarby.un.se. 15 km südöstlich

Sigtuna **[123 E4]**

★ Das kleine Städtchen (6000 Ew.) am See Mälaren ist eine Art bewohntes Freilichtmuseum. Alte Holzhäuser prägen den Stadtkern. Im 11. Jh. war Sigtuna Bischofssitz und eine der größten Städte des Landes. Hier wurden die ersten schwedischen Münzen geprägt. Von den ursprünglich sieben Kirchen ist lediglich die Marienkirche vollständig erhalten. *30 km südlich*

Skokloster **[123 E4]**

Das zu schwedischen Großmachtzeiten um 1650 erbaute Schloss gilt als das größte, das in Schweden jemals von einer Privatperson in Auftrag gegeben wurde. Das Barockgebäude wurde nie völlig fertig gestellt, der große Bankettsaal ist immer noch eine Art Baustelle des 17. Jhs. Das Gebäude ist in sehr gutem Zustand und auch wegen der interessanten Kunstsammlung einen Besuch wert. Was nur wenige wissen: Hier hängt unter anderem Giuseppe Arcimboldos berühmtes Gemälde des Fruchtgotts von 1590. Das Schloss lockt mit zwei weiteren Erlebnissen: Nachtwanderungen und den Skokloster-Festspielen Insider Tipp Ende Juli. In einer dreifachen Zeitreise können Besucher dann Schweden zu Wikingerzeiten, im Mittelalter und als Großmacht erleben. Es werden Ritterspiele veranstaltet, auf zeitgenössischen Märkten werden Waren feilgeboten. *Schloss: April–Mai Sa und So 11.30 bis 16 Uhr, Juni–Aug. Mo–Fr 10.30 bis 17 Uhr, Sept. Mo–Fr 12.30–16 Uhr, Sa und So 11.30–16 Uhr, Okt. bis Nov. Mo–Fr 13–16 Uhr, Sa und So 11.30–16 Uhr.*

In der Nähe des Schlosses gibt es ein Automuseum mit Oldtimern *(April–Sept. tgl. 12–16 Uhr, Eintritt 50 SEK). 20 km südlich*

Zeitreise ins Mittelalter: Ritterspiele im Schloss Skokloster

Sanfte Hügel, stille Buchten

Zwischen Wiesen und Bergen schlägt das traditionsverbundene Herz Schwedens

Der mittlere Norden Schwedens ist traditionsverbundener als der Rest des Landes. An den großen Festtagen tragen ungewöhnlich viele Menschen Trachtenkleider und feiern ihre Volksfeste im Freien mit Volksmusik und -tanz. Aus der Gegend kommen auch die beliebten roten Holzpferde, die *Dalarnahästar.* Mit Carl Larsson und Anders Zorn haben gleich zwei der berühmtesten schwedischen Maler ihre Wurzeln in der Region, auch die Schriftstellerin und Nobelpreisträgerin Selma Lagerlöf hat lange in der Gegend gearbeitet.

Die Region Dalarna ist mit ihren vielen Feldern und Wiesen, den sanften Hügeln und waldreichen Bergen eine der reizvollsten Gegenden von Schweden. Eingebettet in die malerische Landschaft von Dalarna, liegt 160 m über dem Meeresspiegel der See Siljan, an dessen Ufer sich zahlreiche kleine und mittelgroße Ortschaften reihen. In Jämtland, weiter im Nordwesten, an der Grenze zu Norwegen, erheben sich die »schwedischen Alpen« – besonders bei Wanderern und

Hoch im Norden Schwedens ist die Natur rau und ungezähmt: ein Wasserfall in Jämtland

Blühende Wiesen in Dalarna

Skifahrern eine beliebte Region. Die Landschaften Ångermanland, Medelpad und Hälsingland im Osten haben einen langen Küstenabschnitt. Hier ist der Bottnische Meerbusen, der Schweden von Finnland trennt, besonders breit. Zu der Gegend gehört auch Höga Kusten, die bergigste Küstenregion der Ostsee, die auf der Welterbeliste der Unesco steht.

FALUN

[123 D3] ★ Als wäre ein Meteorit eingeschlagen, klafft ein riesiges Loch unmittelbar vor der Einfahrt nach Falun (35 000 Ew.). Es ist die jahrhundertealte Kupfergrube, das Wahrzeichen der Stadt. Die verbliebenen prachtvollen Gebäude zeugen vom ehemaligen Reichtum.

55 m mit dem Fahrstuhl in die Tiefe: stillgelegte Kupfergrube in Falun

Stadt und Grube zählen seit 2001 zum Unesco-Welterbe.

SEHENSWERTES

Kopparberget

Beeindruckend ist ein Blick in den Krater der erst Ende des 20. Jhs. stillgelegten Grube. Im *Världsarvhuset (Welterbehaus)* wird die lange Geschichte des Kupfererzabbaus anschaulich mit Filmen und Computeranimationen gezeigt. Auch die alte Grube kann besichtigt werden. Mit dem Fahrstuhl geht es 55 m in die Tiefe und dann zu Fuß weiter. *Museum Mai–Juni tgl. 10–17 Uhr, Juli tgl. 10–18 Uhr, Sept.–April Mo–Fr 12–16.30 Uhr, Sa und So 12–16 Uhr, Eintritt 40 SEK, Grubenbesichtigung Mai–Juni und Aug. tgl. 10–17 Uhr, Juli tgl. 10–18 Uhr, Sept.–April nur nach Voranmeldung unter Tel. 023/78 20 30, Grubenbesichtigung inkl. Museum 90 SEK, www.kopparberget.com*

Rödfärgsverket

Traditionell sind schwedische Holzhäuser kupferrot gestrichen. Die Farbpigmente waren ursprünglich Beiprodukt der Kupfererzgewinnung. In der Faluner Fabrik kann der Produktionsprozess beobachtet werden. *Falu Rödfärg, neben der Grube, Mo–Fr 11–15 Uhr, Führung 20 SEK*

Trästaden

Die Stadtteile Elsborg, Östanfors und Gamla Herrgården bilden die so genannte *Trästaden* (Holzstadt). Die Holzhäuser blieben vom großen Brand im Jahr 1761 verschont. In Elsborg entstand im 17. Jh. die erste Einfamilienhaussiedlung in Schweden.

MUSEUM

Dalarnas Museum

In keiner anderen schwedischen Gegend wird der Brauchtumspflege so viel Bedeutung beigemessen wie in Dalarna. Das Haus widmet sich der Volkskunst der Region und zeigt Malerei, Musikinstrumente, Trachten sowie Kupferhandwerk. *Stigaregatan 2–4, Mai–Aug. Mo–Fr 10–17 Uhr, Sa und So 12–17 Uhr, Sept. bis April zudem Mi bis 21 Uhr, Eintritt 40 SEK, www.dalarnasmuseum.se*

ESSEN & TRINKEN

Rådhuskällaren
Schwedische Spezialitäten wie Rentierfilet stehen in diesem urigen Restaurant in einem Gewölbekeller aus dem 17. Jh. auf der Speisekarte. Insider Tipp Ein preiswerteres Menü gibt es im zugehörigen Bakfickan. *Stora Torget, So geschl., Tel. 023/254 00, www.radhuskallaren.net,* €€

ÜBERNACHTEN

Park Inn Bergmästaren
Mitten im Zentrum gelegenes, rustikales Haus. *88 Zi., Bergskolegränd 7, Tel. 023/70 17 00, Fax 70 17 09, www.falun.parkinn.se,* €€

Rankhyttans Herrgård
Kleines, stilvoll zum Hotel umfunktioniertes Herrenhaus nicht weit vom See Runn. Spa-Bad. Auch Vermietung von Ferienwohnungen. *31 Zi., Rankhyttans Herrgård, Tel. 023/77 04 60, Fax 77 05 84, www.rankhyttan.se,* €€

FREIZEIT & SPORT

In der Freizeitanlage *Lugnet* am Stadtrand von Falun gibt es u. a. ein Schwimmbad, eine Sporthalle, eine Mountainbikebahn und eine Skischanze, Insider Tipp der höchste Aussichtsturm in Dalarna *(Lugnetvägen, tgl. 9–16 Uhr)*. Rund um Falun locken mehrere Badeseen, z. B. *Balungstrand, Bjursen, Hedkarlsjön.*

AUSKUNFT

Turistbyrå
Trotzgatan 10–12, Sept.–Mai Mo bis Fr 9–18, Sa 9–14 Uhr, Juni–Aug. Mo–Fr 9–18, Sa 9–18, So 10–17 Uhr, Tel. 023/830 50, Fax 833 14, www.visitfalun.se

MARCO POLO Highlights »Der Mittlere Norden«

★ **Carl Larsson Gården**
Das letzte Heim des berühmten Malers ist genauso idyllisch wie seine Bilder (Seite 76)

★ **Högakustenleden**
Immer am Meer entlang: einer der abwechslungsreichsten Wanderwege Schwedens (Seite 79)

★ **Fläsian**
Der saubere Sandstrand ist ein schönes Plätzchen zum Sonnen und Baden (Seite 83)

★ **Falun**
Die historische Holzstadt und das ehemalige Kupferbergwerk gehören zum Unesco-Welterbe (Seite 73)

Georg der Drachentöter passt auf: Mora eignet sich gut für eine Pause

ZIELE IN DER UMGEBUNG

Borlänge **[123 D3]**
Die junge Industriestadt (Stadtrechte 1944, 40 000 Ew.) ist geprägt von der Stahl- und Papierherstellung. Das *Geologische Museum (Mo–Fr 10–17 Uhr, Eintritt 30 SEK, Hantverksbyn 13, www.stenbiten.se)* stellt Mineralien und Edelsteine aus der ganzen Welt aus, im Sommer arrangiert das Museum für Kinder Goldwäsche. *20 km südwestlich*

Carl Larsson Gården **[123 D3]**
★ Das ehemalige Wohnhaus des berühmten schwedischen Jugendstilmalers sowie der schöne Garten strahlen jene Friedlichkeit aus, die etliche von Larssons Bildern prägen. Zusammen mit seiner Frau Karin, die viele der Textilien im Haus gestaltete, lebte der Künstler von 1889 bis zu seinem Tod 1919 in dem Haus in Sundborn. *Führungen Mai–2. Okt. tgl. 10–17 Uhr, 3. Okt.–April Mo–Fr 11 Uhr, Eintritt 90 SEK, Sundborn, www.carllarsson.se. 15 km nordöstlich*

Mora **[122 C2]**
Am nördlichen Ufer des Siljan gelegen, ist Mora (10 000 Ew.) der perfekte Ort für ein Ruhepause mit Bad im See. In Erinnerung an die Flucht Gustav Vasas vor den Dänen findet alljährlich im Winter der 90 km lange Wasalanglauf statt, der in Mora endet. Anders Zorn, der neben Carl Larsson bekannteste schwedische Maler, wurde 1860 in Mora geboren. Besuchen Sie unbedingt das *Anders-Zorn-Museum* und sein ehemaliges Wohnhaus *Zorngården.* Im Museum ist eine stattliche Sammlung seiner impressionistischen Gemälde zu sehen. *Zornmuseet: 15. Mai–14. Sept. Mo–Sa 9–17 Uhr, So 11–17 Uhr, 15. Sept.–14. Mai Mo bis Sa 12–17 Uhr, So 13–17* Uhr, *Eintritt 40 SEK. Zorngården, nur mit Führung, 15. Mai–14. Sept. Mo–Sa 10–16 Uhr, So 11–16 Uhr, 15. Sept.–14. Mai Mo–Sa 12–15*

Insider Tipp

Uhr, So 13–16 Uhr, Eintritt 50 SEK, www.zorn.se. 90 km nordwestlich

Svärdsjö **[123 D2]**
Bäche und Seen dominieren diese schöne Landschaft. Sehenswert ist im Ort (1300 Ew.) die Kirche, deren älteste Teile aus dem 16. Jh. stammen. Im Sommer lädt der Heimatverein einmal wöchentlich zum *Svärdsjökväll* mit Handwerk, Tanz und Essen aus vergangenen Zeiten. Auch sonst lohnt ein Blick auf die gut erhaltenen Häuser des Heimatvereins *(www.hembygd.se/dalarna/svardsjo). 25 km nordöstlich*

HÖGA KUSTEN

[125 D5–E4] Tiefe Schluchten, Berge, die bis ans Meer reichen und stille Buchten – die Hohe Küste ist der extremste Küstenabschnitt der ganzen Ostsee. Das Gebiet erstreckt sich in etwa von Örnsköldsvik bis zum 100 km weiter südlich gelegenen Härnosand. Wie keine andere Region zeigt sie die Landhebung als geologische Entwicklung nach dem Abschmelzen des Inlandeises. Deshalb ist Höga Kusten von der Unesco zum Welterbe ernannt worden. Die Wälder und Berge sind ein hervorragendes Terrain zum Wandern, die Strände sind zwar schmal, doch dafür gibt es viele einsame Stellen.

SEHENSWERTES

Nordingrå **[125 E5]**
Die Halbinsel ist perfekt, um ein paar Tage auszuspannen. Wasser, Wald und Berge – Nordingrå hat alles, was die Hohe Küste ausmacht auf kleinstem Raum. Sie können hier reiten, wandern, Kanu fahren oder baden. Unterkunft bieten zahlreiche kleine Familienhotels, Bed & Breakfast und Hütten. Zu Nordingrå gehören neben dem gleichnami-

Literaturtipps

Die Weite Schwedens hat auch viele Schriftsteller inspiriert

Alfred Anderschs Reisebericht »Wanderungen im Norden« gibt eine Ahnung davon, wie es in den 1960er-Jahren in Nordschweden war. In Klaus Böldls Erzählung »Südlich von Abisko« (2000) verschlägt es einen deutschen Eigenbrötler nach Nordschweden. Der 1995 gestorbene Schreiber und Zeichner Horst Janssen erzählt in seinem Buch »Skandinavische Reise« von seinen Reiseerlebnissen in Worten und Bildern. In Selma Lagerlöfs Kinderbuchklassiker »Die wunderbare Reise des kleinen Nils Holgersson mit den Wildgänsen« von 1906 verwandelt sich Nils in einen Däumling und fliegt auf dem Rücken der Wildgänse von Süd- nach Nordschweden. Kurt Tucholskys Geschichte» Schloss Gripsholm« ist von einem Badeurlaub inspiriert, den er Ende der 1920er-Jahre mit seiner Geliebten bei Mariefred verbrachte.

gen Dorf 63 weitere Ortschaften, die verstreut an einer kurvenreichen Straße liegen, die sich über die ganze Halbinsel schlängelt. Die meisten bestehen nur aus wenigen Häusern. *Unterkunft und Vermietung von Kanus etc. z. B. Lappuddens Stugby (Tel. 0613/203 50, www.lappudden.se). www.kramforsbygder.com/nordingra*

Örnsköldsvik **[125 E4]**
Als einzig größere Stadt (30 000 Ew.) in der Gegend dient Örnsköldsvik als Versorgungszentrum für die ganze Umgebung. Besonders im Sommer ist in der Fußgängerzone dementsprechend viel los. Im behutsam renovierten alten Schulgebäude befindet sich das regionale Museum mit kulturhistorischen Ausstellungen, daneben die Werkstatt des Bildhauers Bror Marklund *(beide Di–So 12–16 Uhr, Eintritt frei, Läroverksgatan 1). www.ornskoldsvik.se/turism*

Skuleskogen **[125 E4]**
Im Nationalpark Skuleskogen zeigt sich die geologische Entwicklung der Höga Kusten am besten. Innerhalb von 9600 Jahren hat sich das Land 270 m aus dem Meer erhoben. Der an den Nationalpark angrenzende *Skuleberget* ist mit 294 m die höchste Erhebung der Region und ein einmaliger Aussichtspunkt. Heute kann dieser Berg leicht an einem Tag erwandert werden. Der Weg führt über Geröllfelder, die das Meer vor 9000 Jahren freigegeben hat, und durch eine 40 m tiefe Schlucht.

Ulvöhamn **[125 E4]**
Von Holzhäusern geprägtes Fischerdorf auf der Insel Ulvön. Bereits im 15. Jh. fischten Bewohner Mittelschwedens während der Sommermonate vor der Insel. Die letzte Fischfabrik schloss in den 1980er-Jahren. Die 1622 erbaute Kapelle von Ulvö ist die älteste Fischerkir-

Rotes Holzhaus, Wald und Küste: alles da auf Nordingrå

che an der nordschwedischen Küste. Eine schöne Aussicht haben Sie vom *Lotsberg* hinter dem Dorf.

MUSEEN

Fiskevistet
Höga Kusten gilt als die Heimat der schwedischen Fischspezialität *surströmming*, des fermentierten Herings. Seit neuestem gibt es in der Region ein ganzes Museum, das sich dem Fisch widmet. Zu dem Haus gehört auch ein Abenteuerspielplatz mit Piratenschiff. *Juni bis Aug. Di–So 11–20 Uhr, Juli Mi, Fr, Sa bis 24 Uhr, Eintritt frei, Skagsudde, www.fiskevistet.se*

Skule Naturum
Die Informationsausstellung erklärt mittels Karten und dreidimensionaler Modelle die Entwicklung zum Welterbe Hohe Küste. *Sept.–Mai Mo–Do 9–16 Uhr, Juni–Aug. tgl. 10–16 Uhr, Eintritt frei, Skuleberget, www.skulenaturum.se*

ÜBERNACHTEN

Über das ganze Gebiet verteilt liegen zahlreiche Feriendörfer. Bei der Buchung hilft das örtliche Turistbyrå. Besonders schön und dazu noch ausgesprochen preiswert sind die Holzhäuser der Jugendherbergen in *Härnösand (67 Betten, Volontärvägen 9–11, Tel. 0611/104 46, kein Fax, €)* und *Härnösand-Rö (33 Betten, Tel. 0611/640 11, Fax 640 08, www.stf.nu, €)*. Urlaub auf einem Pferdehof mitten in der Höga Kusten bietet *Nordingrå Häst & Rekreation (Nordingrå, Mädan 114, Tel. 0613/240 10, Fax 240 00, www.hastrekreation.se, auch Vermietung von Hütten, €€)*.

FREIZEIT & SPORT

Reiten
In der abwechslungsreichen Landschaft können Anfänger und erfahrene Reiter schöne mehrstündige oder gar mehrtägige Touren unternehmen *(z. B. bei Hästgård Höga Kusten, Hol 153, Noraström, Tel. 0613/302 35, www.ridihogakusten.nu)*.

Wandern
Es gibt keine bessere Möglichkeit, die einmalige Küstenlandschaft kennen zu lernen, als den fast 130 km langen Wanderweg ★ *Högakustenleden* zu begehen. Nirgendwo sonst in Schweden kann auf solcher Höhe so nah an der Küste entlanggegangen werden. Der Weg führt in 13 gut ausgeschilderten Etappen von Örnsköldsvik nach Hornöberget.

STRÄNDE

Gullviks havsbad
Für die Gegend recht großer Sandstrand, der an ein Feriendorf und einen Campingplatz angebunden ist *(Domsjö gleich südlich von Örnsköldsvik, Tel. 0660/745 82, www.gullvikshavsbad.se)*.

Storsands havsbad
100 000 m² großes Gebiet mit feinem Sandstrand und Dünen. *Norrfällsviken, nordwestlich von Nordingrå*

AUSKUNFT

Entré Högakusten
Nur Fernanfragen. *Tel. 0613/108 50, Fax 108 53, www.hogakusten.com*

Kramfors Turistbyrå
Für den südlichen Teil. *Torggatan 2, Mo–Fr 10–17 Uhr, Tel. 0612/ 801 20, Fax 107 84, www.turistinfo.kramfors.se*

Örnsköldsvik Turistbyrå
Für den nördlichen Teil. *Mo–Fr 10 bis 17 Uhr, Mai–Aug. auch Sa 10 bis 14 Uhr, Nygatan 18, Tel. 0660/ 881 00, Fax 881 23, www.ornskoldsvik.se/turism*

ÖSTERSUND

[124 B4] Die Hauptstadt der Provinz Jämtland ist das Wirtschaftszentrum des nördlichen Inlands. Östersund (45 000 Ew.) wurde Ende des 18. Jhs. von Gustav III. gegründet und liegt terrassenförmig ansteigend am Ostufer des Storsjön-Sees. Die Stadt bietet sich als Zwischenstopp auf dem Weg in den Norden an und als Ausgangsbasis für Ausflüge in das umliegende Gebiet oder auf die vielen Inseln im Störjan-See.

SEHENSWERTES

Nya Kyrkan
Die Deckengemälde der 1940 errichteten Neuen Kirche stammen von Hilding Linnqvist. Sie sind eins der wenigen bekannten Kunstwerke der Stadt.

Stadtzentrum/Storgatan
Östersund wurde ursprünglich mit einem rechtwinkligen Straßennetz angelegt. Im Zentrum ist diese Struktur weitgehend erhalten. Entlang der *Storgatan* befindet sich ein gut erhaltenes und sehenswertes Stadtviertel aus dem 19. Jh.

MUSEUM

Jamtli
Das *Jamtli (Jämtlands länsmuseum)* ist eine einzigartige Kombination aus Volkskunde- und Freilichtmuseum. In den rund 60 Bauernhöfen aus dem 18. und 19. Jh. können Sie sich für einen Tag als Knecht, Magd oder Holzflößer versuchen. Sehenswert sind auch ein steinzeitlicher Siedlungsplatz und tausend Jahre alte Teppiche aus Överhogdal. Die vollständig erhaltenen Webmuster haben ihren Ursprung in der altnordischen Mythologie und sind die ältesten in ganz Europa.

Gezeigt werden auch Fallen, mit denen man im 19. Jh. versuchte, das Seeungeheuer zu fangen, das angeblich im See vor der Stadt lebte. Im Obergeschoss befindet sich eine kleine Kunstausstellung mit Werken von Künstlern aus der Region. *29. Aug.–22. Juni Di–Fr 10–16 Uhr, Sa–So 11–17 Uhr, 24. Juni–28. Aug. tgl. 11–17 Uhr, Eintritt 60 SEK (in der Hochsaison 90 SEK), Museiplan, www.jamtli.com*

Dem Provinzmuseum angeschlossen ist das Wanderheim *Jamtli Vandrarhem.* Dort können Sie mitten im alten Stadtzentrum preiswert wohnen. *30 Betten, Tel. 063/12 20 60, kein Fax, www.jamtli.com/restaurang/vandrarhem.htm,* €

ESSEN & TRINKEN

En liten röd
In diesem kleinen, einfachen Restaurant stehen Fondue, viel Fisch und Fleisch, aber auch vegetarische Gerichte auf der Speisekarte. *So geschl., Brogränd 19, Tel. 063/ 12 63 26,* €€

Mark Twain Bar and Kitchen
Stilvolles Restaurant mit zum Teil deftigem Essen. Spezialität des Hauses ist Gegrilltes. An der Bar große Auswahl an schwedischen und ausländischen Biersorten sowie eine riesige Whiskey- und Cognackarte. Ab und an Livemusik. *So und Mo geschl., Biblioteksgatan 5, Tel. 063/ 12 33 20, €€*

ÜBERNACHTEN

Gamla Teatern
Das alte Stadttheater wurde Anfang der 1990er-Jahre zu einem Hotel der besonderen Art umgebaut. Sie schlafen dort, wo sich früher die Schauspieler auf ihren Auftritt vorbereitet haben. Abends im alten Theatersaal häufig Konzerte. *64 Zi., Thoméegränd 20, Tel. 063/ 51 16 00, Fax 13 14 99, www.gamlateatern.se, €€*

Hotel Emma
Gemütliches Familienhotel in der Fußgängerzone. Die Doppelzimmer können per Extrabett preiswert zu Familienzimmern aufgerüstet werden. *Prästgatan 31, Tel. 063/ 51 78 40, Fax 51 78 42, www.hotelemma.com, €€*

FREIZEIT & SPORT

Dampferfahrt
Auf der *S/S Thomée* können Sie die schöne Region Storsjöbygden vom Wasser aus erleben. Auf dem Storsjönsee fährt der älteste Dampfer Schwedens im Linienverkehr *(in der Hochsaison Di–So, aktueller Fahrplan im Turistbyrå)*. Auch Sightseeingtouren, Fahrten mit Livemusik und Landgängen auf den Inseln im Storsjön *(Mai–Sept., nur Gruppen)*.

Strände
Am Rande des großen *Storsjönsees* oder auf einer der vielen Inseln gibt es diverse Möglichkeiten, ins Wasser zu steigen. Die Insel *Andersön* ist ein Naturschutzgebiet und bietet mehrere schöne Badestellen samt Grillplätzen. In der unberührten Natur lässt es sich zudem vortrefflich spazieren gehen.

AUSKUNFT

Turistbyrå
Rådhusgatan 44, Mo–Fr 9–17 Uhr, im Sommer abends teilw. länger geöffnet sowie Sa–So 10–15 Uhr, Tel. 063/14 40 01, Fax 12 70 55, www.turist.ostersund.se

ZIELE IN DER UMGEBUNG

Åre **[124 A4]**
Der Ort (1000 Ew.) ist das Zentrum des schwedischen Wintersports. Ob Snowboarden oder Slalomskifahren – die über 100 Abfahrten machen Åre zum Wintersportparadies. Im Sommer locken die Berge und weiten Hänge zum Wandern, und die reißenden Gebirgsflüsse sind eine Herausforderung für geübte Kajakfahrer *(Åre Äventyr, Tel. 0647/ 137 82)*. Sehenswert ist die massive Steinkirche *Gamla kyrka* aus dem 12. Jh. *100 km nordwestlich*

Frösön **[124 B4]**
Die Insel im See Storsjön ist durch eine Brücke mit Östersund verbunden. Hier können Sie schöne Spaziergänge am Wasser mit Blick über den See und die Stadt unternehmen. Auf der mit 468 m höchsten Erhebung steht der Aussichtsturm *Frösötornet* (nur im Sommer geöffnet). Von dort haben Sie den

besten Blick, bei klarem Wetter ist im Westen sogar die norwegische Gebirgskette zu erkennen. Ein Abstecher lohnt zur Inselkirche (12. Jh.), die auf einem alten heidnischen Opferplatz errichtet wurde. *20 km westlich*

SUNDSVALL

[125 D5] Die pompösen Häuser der *Storgatan,* der zentralen Straße Sundsvalls, versprühen einen aristokratischen Charme, der so gar nicht zum Klischee des nüchternen Nordschweden passen mag. Ohne Zweifel kann Sundsvall (50 000 Ew.) als die prachtvollste Stadt nördlich von Uppsala bezeichnet werden. Ihr Schicksal ist seit langem eng mit Holz verbunden. Der Reichtum von Sundsvall ist der Sägeindustrie zu verdanken, die im 19. Jh. hier ihre Werke baute. Weil die meisten Häuser aus Holz gebaut waren, konnten sie 1888 nicht vor einem Großbrand gerettet werden. Der später in Stein errichtete Stadtkern ist der architektonisch beeindruckendste Teil Sundsvalls.

SEHENSWERTES

Stenstad
Nach dem verheerenden Brand im Sommer 1888 wurde der Stadtkern mit Steinhäusern wieder aufgebaut. Die großzügigen Boulevards und Parks spiegeln das damals in Europa vorherrschende Architekturideal wider. Um mehr über die Hintergründe zu erfahren, empfiehlt sich eine Stadtführung *(Buchung über das Turistbyrå),* für Schwindelfreie wird eine Wanderung über die Dächer der Stadt angeboten. Insider Tipp

MUSEEN

Bildens Hus
Dokumentarische und künstlerische Fotografien, oft von Nachwuchsfotografen aus der Region. Umfangreiche Sammlung alter Kameras. *Di–Fr 12–17 Uhr, Sa 12–15 Uhr, Eintritt frei, Magasinsgatan 12, www.fotomuseet.sundsvall.se*

Sundsvall Museum
Eine Dauerausstellung widmet sich dem großen Brand von 1888 und dem Wiederaufbau Sundsvalls. Daneben sind Werke schwedischer Künstler des 20. Jhs. sowie Historisches aus der Region zu sehen. *Mo bis Do 10–19 Uhr, Fr 10–18 Uhr, Sa 11–16 Uhr, Eintritt frei, Packhusgatan 4*

ESSEN & TRINKEN

Altin Insider Tipp
Schüler, die das Koch- und Bäckerhandwerk lernen, betreiben das Altin. Wer in lockerer Atmosphäre die schwedische Küche von morgen erleben möchte, ist hier richtig. *Sa und So geschl., Skolhusallén 5, Tel. 060/19 24 47, €*

Brandstation
Feines Restaurant mit französisch-schwedisch inspirierter Küche in der alten Feuerwehr. Preiswerte Mittagskarte. *So geschl., Köpmangatan 29, Tel. 060/12 39 36, €€*

ÜBERNACHTEN

Elite Hotel Knaust
Eines der beeindruckendsten Hotels von ganz Schweden. Die berühmte Barocktreppe im Inneren des Hauses ist ein sehenswertes

Aristokratischer Charme an der Storgatan, der zentralen Straße Sundvalls

Beispiel der Architektur um die Jahrhundertwende. Das Haus bietet Luxus pur, die Zimmer sind modern eingerichtet. *94 Zi., Storgatan 13, Tel. 060/608 00 00, Fax 608 00 10, www.elite.se/hotell/sundsvall/knaust/,* €€€

Lilla Hotellet

Mitten im Zentrum gelegenes Familienhotel in einem denkmalgeschützten Haus. Es wird von einem deutschen Auswanderer geführt. Fragen Sie bei der Buchung nach einem Zimmer mit einem der typisch schwedischen Kachelöfen! Auch das kleine Gartenhaus im Innenhof wird vermietet. *9 Zi., Rådhusgatan 15, Tel. 060/61 35 87, Fax 15 23 36, home.swipnet.se/lilla-hotellet,* €

Insider Tipp

STRAND

Fläsian

★ 4 km südlich der Stadt können Sie an dem für diese Gegend außergewöhnlich großen Naturstrand mit idyllischer kleiner Halbinsel (sonnen-)baden. Im Sommer auch Camping und Hüttenvermietung, ein Teil des Strandes ist den Gästen vorbehalten. *Fläsians Camping & Stugor, Norrstigen 15, Tel. 060/55 44 75,* €

AM ABEND

Kulturmagasinet

Aus zwei alten Lagerhäusern am Hafen wurde ein Kulturzentrum errichtet. Ob Ausstellungen, Theater oder Konzerte – fast jeden Tag findet etwas anderes statt. *Packhusgatan 4, Tel. 060/19 18 00*

AUSKUNFT

Turistbyrå

Stora Torget, Mo–Fr 10–18 Uhr, Sa 10–14 Uhr, Tel. 060/61 04 50, Fax 12 72 72, www.sundsvalltursim.com

Auf der Suche nach dem Polarlicht

Der hohe Norden Schwedens bietet das ganze Jahr über ungewöhnliche Naturschauspiele

Mitte Juni scheint die Sonne so gut wie rund um die Uhr im Norden Schwedens. Im Winter ist es Tag und Nacht nahezu stockdunkel und eiskalt. Dann sind am Himmel Polarlichter zu sehen – ein einmaliges Naturschauspiel, das allein die 2000 km lange Reise vom Südzipfel des Landes bis hoch in den Norden Lapplands rechtfertigt. Während der Sommermonate locken Strandbäder, die nur rund 100 km vom Polarkreis entfernt sind. Das Landesinnere – auch »letzte Wildnis Europas« genannt – ist ein hervorragendes Terrain für ausgedehnte, mehrtägige Wanderungen.

KIRUNA

[127 D3] Der Hauptort (20 000 Ew.) der Landschaft Lappland ist mit rund 20 000 km² die größte schwedische Gemeinde. Bedeutendster Wirtschaftsfaktor ist der Erzbau. In 20 Jahren muss ein Teil der Stadt verlegt werden, weil die Grubenarbeiten die Häuser zum Einsturz bringen könnten. Kiruna eignet sich hervorragend als Ausgangspunkt für Wander- und Schlit-

Beliebtes Motiv: Mitternachtssonne

Farbenfrohes Symbol der Samen

tentouren und zu Sehenswürdigkeiten in der Umgebung.

SEHENSWERTES

Esrange-Raketenbasis
Seit Anfang der 1970er-Jahre ist in der Nähe von Kiruna die Raketenbasis Esrange beheimatet. Die Station ist keine militärische Einrichtung, sondern dient der Forschung. Jährlich werden mehrere Raketen weit hinaus ins All geschossen, um ein paar Minuten später auf schwedischen Boden zurückzukehren. Nur an wenigen Stellen in Europa gibt es so große unbewohnte Gebiete, die derartige Flugmanöver möglich machen. Während des Fluges entsteht in den Raketen Schwerelosigkeit – Grundvoraussetzung für viele naturwissenschaftliche Projekte. *Vierstündige geführte Tou-*

Kiruna Kyrka: Ein Lappenzelt ist das Vorbild des Kirchenbaus

ren Sommer Mo–Fr 9 Uhr, Winter Di und Do 9 Uhr, Karten beim Turistbyrå Kiruna – Buchung mindestens einen Tag im Voraus unter Tel. 0980/188 80, Tour 390 SEK, www.forskningsturism.nu

Kiruna Kyrka

Für den Entwurf des ungewöhnlichen Gotteshauses stand ein Lappenzelt Pate. Ein Teil der Gemälde im Inneren der schönen Holzkirche stammt von Prinz Eugen, dem 1945 gestorbenen Spross der Königsfamilie.

LKAB-Erzgrube

★ Kirunas Wohlstand kommt aus der Erde. Hier wird seit einem Vierteljahrtausend Eisenerz abgebaut. Die Grube ist schon von weitem ein imposanter Anblick. Aus den zwei Einfahrten steigen riesige Dampfschwaden empor. In 540 m Tiefe befindet sich das Minenmuseum *(nur mit Führung, 220 SEK, Buchung über das Turistbyrå).*

ÜBERNACHTEN

Järnvägshotellet Insider Tipp

Obwohl direkt an den Bahngleisen gelegen, wohnt es sich im ältesten Haus am Platze dennoch ruhig. Das Gebäude steht unter Denkmalschutz. *20 Zi., Bangårdsvägen 7, Tel. 0980/844 44, Fax 844 00, www.jarnvagshotellet.com,* €

Kebne

Zentral gelegenes Hotel mit gutem Standard und hauseigener Sauna. *63 Zi., Konduktörsgatan 7, Tel. 0980/681 80, Fax 681 81, www.hotelkebne.com,* €€

Ripan

Hotelzimmer, Ferienhäuser und Campingplatz direkt am Rande des Stadtzentrums. Im Winter kann auch in einem Iglu übernachtet werden. *Campingvägen 5, Tel. 0980/630 00, Fax 630 40, www.ripan.se, €*

FREIZEIT & SPORT

Als Flächenstadt lockt Kiruna mit vielfältigen Outdooraktivitäten. Gleiten Sie im Winter mit dem Hundeschlitten oder mit einem Schneemobil durch die Landschaft *(2,5 Stunden ca. 850 SEK, auch Tagestouren, z. B. Kiruna Guidetur, Tel. 0980/811 10, www.kgt.se)*. Ortskundige Führer nehmen Sie mit auf Elchsafaris oder Exkursionen auf der Suche nach dem faszinierenden Polarlicht. Im Sommer locken die vielen Flüsse zu einer Boots- oder Kajaktour *(3 Stunden ca. 750 SEK, z. B. Guide B-O, Tel. 0730/25 74 21, www.guideb-o.se)*. In der Weite Kirunas lässt es sich auch hervorragend wandern. Karten über die zumeist ausgeschilderten und zum großen Teil ohne Anstrengungen begehbaren Wege gibt es beim Turistbyrå.

AUSKUNFT

Turistbyrå
Folkets Hus, Lars Janssonsgatan 17, Mo–Fr 8.30–17 Uhr, Sa 8.30–14 Uhr, Tel. 0980/188 80, Fax 182 86, www.lappland.se

ZIELE IN DER UMGEBUNG

Abisko-Nationalpark **[126 C2]**
★ Mit 77 km^2 Fläche gehört Abisko zu den kleineren Reservaten. Weil der Park so gut erschlossen ist, ist er der beliebteste in Schweden. Die Landschaft gleicht einer eintönigen Steppe, doch gerade das macht den Reiz aus. Mehrtägige Wander- oder Skitouren sollten nur Geübte unternehmen, möglichst mit ortskundigem Führer. Ein guter Ausgangspunkt ist die *Jugendherberge Abisko Turiststation* Insider Tipp *(23. Dez.–25. Sept., Tel. 0980/402 00, Fax 401 40, www.abisko.nu, €)* am nördlichen Rand des Parkes direkt an der gleichnamigen Bahnstation. Dort finden Sie auch Langlaufloipen für mehrstündige Touren und einen

MARCO POLO Highlights »Der Norden«

★ **Abisko-Nationalpark**
Das ultimative Lapplanderlebnis: Wandern und Skifahren im beliebtesten Nationalpark von Schweden (Seite 87)

★ **LKAB-Erzgrube**
540 m unter der Erde liegt das Grubenmuseum von Kiruna (Seite 86)

★ **Vindelälvsdalen**
Das Tal mit dem reißenden Fluss (Seite 91)

★ **Piteå**
Badestrand nahe dem Polarkreis (Seite 89)

★ **Sarek-Nationalpark**
Spektakuläre Hochgebirgslandschaft (Seite 88)

Haushang zum Abfahrtslauf. Im Park gibt es mehrere Hütten *(www.stf.nu)*, es kann auch gezeltet werden. *100 km nordwestlich*

Jokkmokk **[127 D4]**
Was ursprünglich ein reiner Marktplatz der Samen war, hat sich im Laufe der Zeit zu einer festen Ortschaft entwickelt. Der traditionelle Markt im Februar ist eine große (Touristen-)Attraktion. Im Berg- und Samimuseum *Ájtte* wird die Kulturgeschichte der Samen erzählt. *200 km südlich*

Kebnekaise **[126 C2–3]**
Mit 2111 m Schwedens höchster Berg. Ein guter Ausgangspunkt für kleinere und größere Touren in das Kebnekaisegebiet ist die *Fjällstation (Tel. 0980/550 00, Fax 550 48, www.stfkebnekaise.com). 80 km westlich*

Riksgränsen **[126 C2]**
Im höchstgelegenen Dorf der Gegend (606 m) beginnt die Skisaison Mitte Februar. Manche Pisten können auch im Sommer unter der Mitternachtssonne befahren werden. Preiswert wohnt es sich im *Fjällhotell (35 Zi. plus Wohnungen, Riksgränsvägen 15, Tel. 0980/400 80, Fax 431 25, www.riksgransen.nu, €). 130 km nordwestlich*

Sarek-Nationalpark **[126 B–C 3–4]**
★ Einer der beeindruckendsten Nationalparks des Landes. Er umfasst auf 2000 km² Hochgebirge mit rund 100 Gletschern und tief eingeschnittenen Tälern, die von reißenden Strömen wie dem 45 km langen Rapaätno, dem wasserreichsten Fluss Schwedens, durchzogen werden. Im Park lebt Großwild wie Elche, Bären und Luchse. Die schwer zugängliche Wildnis ist nur etwas für abenteuerlustige Wanderer. Es gibt weder Pfade noch Hütten.

LULEÅ

[127 E6] Als größter Ort (45 000 Ew.) und Verwaltungszentrum der Region Norrbotten hat Luleå kulturell einiges zu bieten. Im umgebauten Lager am Hafen spielt das Regionaltheater, am meisten aber gibt es vor den Toren der Stadt zu sehen – wie das Holzdorf Gammelstaden.

SEHENSWERTES

Luleå Skärgård
Die direkt vor der Stadt im Meer gelegenen Felsinseln wie *Altappen, Brandöskär* und *Kluntarna* sind das ganze Jahr über für Spaziergänge geeignet. In den Sommermonaten können Sie dort gut baden. Im Winter sind die Inseln auf einer ungewöhnlichen Skitour übers Eis erreichbar. Auch Hüttenbuchung möglich (über das Turistbyrå). Insider Tipp

MUSEUM

Norrbottens Museum
Schwerpunkt bildet die Kulturgeschichte Norrbottens. Ausstellung zur Samenkultur, speziell für Kinder. *Di–Fr 10–16 Uhr, Sa und So 12–16 Uhr, Eintritt frei, Storgatan 2, www.norrbottensmuseum.nu*

ESSEN & TRINKEN

Cooks Krog
Im rustikal eingerichteten Restaurant werden vor allem Fleischge-

Gammelstaden: In den Holzhäusern wohnten angereiste Kirchgänger

richte wie Elch oder Ren, viele davon nordschwedische Spezialitäten, serviert. *Tgl., Storgatan 17, Tel. 0920/20 10 25,* €€

ÜBERNACHTEN

Elite Stadshotellet
Komfortables Haus mit klassisch-luxuriöser Ausstattung. Im Erdgeschoss befindet sich das schicke Restaurant *Tallkotten* mit italienischer Küche. *135 Zi., Storgatan 15, Tel. 0920/27 40 00, Fax 670 92, www.elite.se/hotell/lulea/stadshotellet,* €€€

AUSKUNFT

Turistbyrå
Storgatan 43 B, 16. Aug.–13. Juni Mo–Fr 10–18 Uhr, Sa 10–14 Uhr, 14. Juni–15. Aug. Mo–Fr 9–19 Uhr, Sa und So 10–16 Uhr, Tel. 0920/29 35 00, Fax 29 41 38, www.lulea.se/turism

ZIELE IN DER UMGEBUNG

Gammelstaden **[127 E6]**
Rund um die norrländische Dorfkirche entstand Anfang des 17. Jhs. eine Kirchstadt (5000 Ew.). In den vielen kleinen Holzhäusern wohnten Gemeindemitglieder, die von weither angereist kamen, um den Gottesdienst zu besuchen. Das dortige Restaurant *Margaretas Wärdshus (tgl., Tel. 0920/542 90,* €€*)* ist einer der Klassiker der Region. Spezialität ist der Norrbottenteller mit Lachs, Pastete, Rentier- und Bärenfleisch. *10 km nordwestlich*

Piteå **[127 E6]**
★ Klassischer Badeort (23 000 Ew.), und das nur 100 km südlich des Polarkreises. Einen großen Sandstrand sowie eine Schwimmhalle bietet das *Pite havsbad (www.pite-havsbad.se, auch Hotel und Camping).* Im Stadtzentrum stehen alte Holzhäuser. *55 km südwestlich*

Samen

Die Ureinwohner Lapplands sind als ethnische Minderheit anerkannt

Die Samen waren die Ersten, die nach dem Ende der Eiszeit den Norden Skandinaviens und der Kolahalbinsel (Nordwesten des heutigen Russland) besiedelten. Mittlerweile sind die rund 60 000 Samen in Lappland eine Minderheit. Gut ein Drittel von ihnen lebt heute im schwedischen Teil von Sápmi (Lappland), das sich von der nördlichen Grenze Schwedens bis in den westlichen Teil von Dalarna erstreckt. Nur noch wenige Samen bestreiten ihren Lebensunterhalt wie früher von der Rentierzucht. Als ethnische Minderheit genießen sie spezielle Rechte wie ein eigenes Parlament. Von der immer noch geläufigen Bezeichnung Lappe fühlen sich die Samen diskriminiert.

Storforsen **[127 D5]**
In mehreren Stufen legt der Fluss Pite hier auf 2 km Länge eine Fallhöhe von 60 m zurück. Er ist damit der größte Wasserfall in Nordschweden. *100 km westlich*

UMEÅ

[125 F3] Das Kunst- und Freilichtmuseum ist Anziehungspunkt der am Fluss Umeälv gelegenen Stadt (71 000 Ew.). Umeå selbst ist architektonisch wenig reizvoll, attraktiv ist die Nähe zum Bottnischen Meerbusen, dem nördlichen Ausläufer der Ostsee.

MUSEUM

Gammlia
Kunst-, Freilicht- und Kulturgeschichtemuseum stehen zusammen mit den Ausstellungsräumen der renommierten örtlichen Kunsthochschule auf demselben Gelände. Sie geben einen umfassenden Eindruck über die Geschichte der Region. Alte Holzhäuser und moderne Kunst werden genauso gezeigt wie die Entwicklung des Skisports. *Di–Fr 10–16 Uhr, Sa 12–16 Uhr, So 12 bis 17 Uhr, Freilichtmuseum: 20. Juni–21. Aug. tgl. 10–17 Uhr, Eintritt frei, www.vasterbottensmuseum.se*

ESSEN & TRINKEN

Restaurang Norrlandsoperan Insider Tipp
Im Foyer der Oper serviert das freundliche Personal in edlem Ambiente preiswertes Ochsen- und Lachsfilet, auch vegetarische Gerichte. *Operaplan 9, Tel. 090/12 28 91, www.norrlandsoperan.se,* **€**

ÜBERNACHTEN

Rica Royal
Zentral gelegenes, komfortables Haus mit gutem Restaurant und schöner Bar. Hoteleigenes Kino. *68 Zi., Vasaplan, Tel. 090/10 07 30, Fax 10 07 39, www.royalhotelumea.com,* **€€**

AUSKUNFT

Turistbyrå
Renmarkstorget 15, Mo–Fr 10–18 Uhr, Sa 10–14 Uhr, Tel. 090/16 16 16, Fax 12 82 70

ZIELE IN DER UMGEBUNG

Bjurholm [125 E3]
Zu einem Schwedenurlaub gehören zweifelsohne Elche. Wer die großen Tiere nicht in freier Wildbahn antrifft, kann sie auf der Elchfarm in Bjurholm (1000 Ew.) besuchen. Angeboten werden auch Jagen, Angeln, Bootstouren und Golf. *Bjurholms Turist, 7. Juni bis 14. Aug. Di–So 12–18 Uhr, Eintritt ab 90 SEK, Tel. 0932/500 00, www.algenshus.se. 60 km westlich*

Holmön [125 F3]
Die kleine Insel vor Umeå ist der Ort, an dem in Schweden laut Statistik die Sonne am längsten scheint und am wenigsten Niederschlag fällt. Die Ausstellung im *Båtmuseum (Mitte Juni–Mitte Aug. tgl. 9–15.30 und 17.30–19 Uhr, Eintritt frei)* erzählt vom Leben auf der Insel in längst vergangenen Zeiten. An mehreren Stellen auf Holmön kann gebadet werden. Mit kostenloser Fähre erreichbar. *www.holmon.com, 30 km östlich*

Vindelälvsdalen [125 D1–F3]
★ Das Tal um den Fluss Vindelälv ist ein Traum für Naturfreunde und Aktivsportler. Der Fluss zählt zu den wenigen in Norrland, die noch völlig unbeeinflusst von menschlichen Eingriffen ihrem natürlichen Lauf folgen. Wegen der Stromschnellen eignet sich der Vindelälv hervorragend für Wildwasserfahrten, sein Fischreichtum macht ihn zum Eldorado für Sportfischer. Unweit des Ortes Vindeln liegt das Wintersportzentrum *Buberget. Bis 150 km westlich*

Glück hat, wer auf seiner Reise einem der 250 000 Elche begegnet

DIANA
DIANA

Vom Götakanal an die Küste

Die Touren sind in der Karte auf dem hinteren Umschlag und im Reiseatlas ab Seite 120 grün markiert

1 AM GÖTAKANAL ENTLANG

Diese kombinierte Fahrrad- und Bootstour führt Sie in vier bis fünf Tagen von Söderköping bis nach Sjötorp am See Vänern. Es geht rund 200 km am Götakanal entlang, immer dicht an Wasser, Wald und Wiesen vorbei. Unterwegs können Sie angeln, Kanu fahren und wandern – oder sich in Museen über die Geschichte von Schwedens längstem Bauwerk informieren.

Von Söderköping aus bringt Sie das Schiff M/S Diana binnen zwei Tagen nach Motala *(Abfahrten Mitte Juli–Mitte Aug. mehrmals wöchentlich 11.30 Uhr, unbedingt vorher buchen, Tel. 031/80 63 15, Preise ab 3200 SEK, www.gotacanal.se)*. Während der Fahrt über den Kanal ziehen der Treidelpfad und das von viel Grün gesäumte Ufer gemächlich vorbei. Schleuse für Schleuse erklimmt das Boot die knapp 90 Höhenmeter, die die Ostsee und den See *Vättern* voneinander trennen. Während das Wasser die Diana langsam anhebt, haben Sie Zeit, einen Spaziergang am Schleusenufer zu machen. Bis zum Abend fährt das Boot noch durch den *Roxensee* nördlich von Linköping und macht für die Nacht schließlich bei der Schleuse von *Berg* fest.

Schiffstour auf Schwedens längstem Bauwerk, dem Götakanal

Am nächsten Morgen werden erst mal gut 40 Höhenmeter zurückgelegt, dann geht es über den See Boren nach *Motala (S. 67)*, wo Sie gegen 16 Uhr ankommen. Mit einem schnellen Motorkatamaran können Sie dann auf die andere Seite des Vättern nach *Karlsborg* übersetzen *(15.–30. Juni 11.30 Uhr und 19.30 Uhr, Juli–15. Aug. 11 Uhr und 18 Uhr, 275 SEK, Tel. 070/825 80 71)*. Der Kapitän organisiert auch Sportfischtouren in der Region. Insider Tipp

Schauen Sie sich in Karlsborg (3700 Ew.) die gut erhaltene Festung an, deren Bau von 1819 an 90 Jahre gedauert hat. Das riesige Festungsgelände war als Stadt in der Stadt gedacht – mit Kirche, Geschäften und Wohnhäusern *(Mo–Fr 10–15 Uhr, im Sommer länger, auch Sa–So, Eintritt 40 SEK)*. Ein Stück Kanalgeschichte und gleichzeitig eine nette Unterkunft ist das 1894 eröffnete *Kanalhotel* im Schweizer Stil *(27 Zi.,*

Storgatan 94, Tel. 0505/121 30, Fax 127 61, www.kanalhotellet.se, €€). In der Umgebung von Karlsborg gibt es viele schöne Badestellen, einen Campingplatz sowie südlich der Stadt einen Golfplatz.

Starten Sie in Karlsborg Ihre insgesamt knapp 80 km lange Fahrradtour (Räder vermieten z. B. *Mellgrens Cykel & Sport, Strandvägen 59, Tel. 0505/101 80)*, und verlassen Sie Karlsborg in nördliche Richtung gen *Forsvik*. Dort können Sie sich die älteste Schleuse des Götakanals anschauen (Baujahr 1813) und im *Industriedenkmal Forsvik (Juni–Aug. tgl. 10–18 Uhr, Tel. 0505/413 52, Eintritt 50 SEK, www.forsvik.com)* sehen, wie im 15. Jh. Mehl gemahlen und Eisen geschmiedet wurde. Zu dem Gelände gehört auch eine denkmalgeschützte Jugendherberge *(Tel. 0505/413 52)*. Ein Abstecher führt zum südlich der Stadt gelegenen *Vaberg*. Der Berg ist gespickt mit Verteidigungsanlagen vom Ende des 19. Jhs., die als Ergänzung zur Festung Karlsborg dienten. Vom Gipfel haben Sie einen schönen Blick über die Festung, die Stadt Karlsborg sowie die Seen Booten und Vättern.

Setzen Sie den Weg von Forsvik aus Richtung Nordwesten fort, und überqueren Sie den See Viken am Brosund. Weiter geht es nach *Tåtorp*, wo der Götakanal in den Viken mündet. Nach einem Bad in *Beateberg* können Sie in *Tåtorp* in der Jugendherberge mit einem wunderschönen Garten mit Café übernachten *(15. Mai–15. Aug., Tel. 0506/530 86, www.tatorp.se)*. Hier lohnt es, einen Tag mit Angeln, Kanufahren oder Wandern zu verbringen. Danach geht es auf dem Treidelpfad am Götakanal weiter Richtung Sjötorp. Der Ort *Töreboda* eignet sich mit seinen Cafés für eine Pause. Setzen Sie dann über mit der schnellsten Fährverbindung Schwedens – es dauert keine 30 Sekunden! Folgen Sie dem Götakanal weiter gen Norden. Nach etwa 5 km wird der Kanal nochmals etwas breiter, und Sie kommen zum *Magasinet* in *Hajstorp*, wo im Sommer Kunsthandwerk verkauft wird. Insider Tipp

Als nächster Zwischenstopp bietet sich *Norrqvarn* an. Dort sind Teile des Götakanals in Miniatur nachgebaut. Vor Ort gibt es auch ein Hotel und ein Restaurant *(27 Zi., Tel. 0501/507 70, www.norrqvarn.se, €€)*. Bis *Sjötorp* sind es nun noch gut 7 km. Hier gibt es ein weiteres Kanalmuseum *(Gamla Hamnmagasinet, Juni–Aug. tgl 10–18 Uhr, Eintritt 40 SEK)*. Es zeigt u. a. alte Bootsmotoren und Teile des alten Schiffs Valborg. In Sjötorp können Sie wieder eines der Kanalboote besteigen und Richtung Göteborg oder Stockholm fahren.

2 ZU FUSS DURCHS GÖTEBORGER HINTERLAND

Diese Wanderung geht in drei bis sechs Tagen von Tulebo bis zur Bohus-Festung bei Kungälv. Sie durchlaufen die ersten sechs Etappen (60 km) des 370 km langen Bohusleden, der von Blåvättnerna südlich von Göteborg bis hinauf in den Küstenort Strömstad führt. Sie kommen durch Wälder, vorbei an Dörfern, Herrenhäusern und kleinen Seen, in denen Sie teils baden können.

Lassen Sie die ersten Kilometer des Bohusleden aus, und starten Sie in *Tulebo* am Tulebosee. Der Ort ist

Blick vom Vaberg: Karlsborg war im 19. Jh. eine riesige Festungsanlage

von Göteborg aus mit dem Auto in einer Viertelstunde gut zu erreichen. Die ersten Kilometer laufen Sie durch lichte Waldstücke mit mehreren Seen. Dann geht es durch den *Gunnebopark*, der im englischen Stil angelegt wurde. Schauen Sie sich unbedingt das *Gunnebo-Schloss* an *(geführte Touren 20. Juni–28. Aug., tgl. 12, 13, 14 Uhr, Sept.–19. Juni nur Sa und So, Eintritt 50 SEK, www.gunnebo slott.se)*. Der prachtvolle Bau aus dem 18. Jh. diente einst einem reichen Göteborger Kaufmann als Sommersitz. Im Café im Dienstbotenhaus können Sie sich stärken.

Insider Tipp

Folgen Sie dem Bohusleden bis Stensjön, wo die erste Etappe zu Ende geht. Falls Sie nicht zelten möchten, ist die Stadt *Mölndal* nicht weit. Preiswert übernachten können Sie z. B. im *Ibis (68 Zi., Idrottsvaegen 6, Tel. 031/67 96 30, Fax 87 98 18, €)*. Am nächsten Tag geht es weiter Richtung Norden. Bald macht der Weg einen starken Knick nach rechts und führt unter der Landstraße Nr. 40 hindurch zum See *Stora Delsjö*. Hier können Sie eine Badepause einlegen, im Café zu Mittag essen und ein Kanu mieten. Bis zum Ende der Etappe sind es keine 3 km mehr. Entweder übernachten Sie auf dem *Campingplatz Kärralund (Tel. 031/84 02 00)*, oder Sie schließen gleich die dritte Etappe an und wandern weitere 8 km bis zum Badesee *Kåsjön*. Unterwegs haben Sie auf der Anhöhe *Getryggen* eine vorzügliche Aussicht über Göteborg. Nächtigen können Sie in der Jugendherberge in *Åstebo (120 Betten, Tel. 031/44 65 01)*.

Am nächsten Morgen geht es weitere 9 km durch Wald- und Seenlandschaft bis nach *Jonsered*. Der alte Industrieort ist wegen seiner Bauten aus dem 19. Jh. bis heute sehenwert, ebenso das örtliche Gutshaus, das schon zu Beginn der fünften Etappe liegt. Nach dem Gutshaus teilt sich der Weg. Wählen Sie die kürzere, nach links führende Strecke, wenn Sie am gleichen Tag noch die letzte Etappe zurücklegen wollen. Nachdem die Wege wieder zusammenführen, wandern Sie zwischen den Seen *Lilla* und *Stora Ramsjö* vorbei und gehen über eine Hängebrücke. Auf dem anschließend folgenden Hochplateau haben Sie erneut gute Aussicht über Göteborg und den Ort *Partille.* Weiter geht es durch Waldstücke am See entlang bis zur *Angereds-Kirche,* wo die letzte Etappe beginnt. Übernachten können Sie in *Angered* oder ein paar Kilometer weiter in *Gunnared.* Am letzten Tag legen Sie 16 km zurück – durch Ackerland und das Naturreservat *Vättlefjäll* mit vielen Seen. Schließlich erblicken Sie die Ruinen der Festung *Bohus* aus dem 14. Jh. Mit dem Bus geht es zurück nach Tulebo.

3 NORDSCHWEDENS OSTSEEKÜSTE

Diese Autotour führt Sie in zwei bis vier Tagen von Piteå ganz im Norden des Landes bis ins 500 km weiter südlich gelegene Sundsvall. Dabei fahren Sie stets dicht an der Küste entlang und passieren einige der interessantesten kulturhistorischen Stätten des Landes. In mehreren Leuchttürmen können Sie übernachten. Unterwegs gibt es Gelegenheit zu schwimmen, zu reiten und zu wandern.

Fahren Sie in *Piteå* (*S. 89*) auf die E4 Richtung Süden. Nach knapp 20 km erreichen Sie die Ortschaft *Jävre.* Hier lohnt der knapp 8 km lange Wanderweg *Arkeologstigen* einen Stopp. An ihm liegen Grabfelder aus der Bronzezeit und die Steinkonstruktion »liegende Henne«, die wohl einmal eine Opferstelle war. Der Weg führt auf den Gipfel des *Högberget,* dort gibt es am Wegesrand einen kleinen Grillplatz mit Blick übers Meer. Insider Tipp

Nach weiteren 30 km auf der E4 kommen Sie nach *Byske.* Funde deuten darauf hin, dass dort bereits vor 6000 Jahren Menschen siedelten. Legen Sie sich an den Strand von *Byskehavsbad,* oder wagen Sie den Sprung in den Bottnischen Meerbusen. Hier können Sie auch campen oder eine Hütte mieten *(Tel. 0912/612 90, www.byskehavsbad.com).* Bis nach *Skellefteå* sind es noch 30 km. Fast im gesamten Innenstadtgebiet können Sie drahtlos im Internet surfen. Sehenswert ist die Kirche von 1795 mit Holzskulpturen aus dem Mittelalter. Das *Museum Anna Nordlander* zeigt Werke nordeuropäischer Künstlerinnen *(in den Räumen der Stadtbibliothek Kanalgatan 73 sowie Nygatan 56, Mo–Do 12–16 Uhr, Eintritt frei).*

Folgen Sie der E4 raus aus Skellefteå, und biegen Sie nach 17 km links auf den *Norra Kustvägen* Richtung *Bureå,* wo Sie den nächsten Halt einlegen können. Von der Kirche im nationalromantischen Stil führt ein Spazierweg zum *Klosterholmen.* Hier soll um 1500 ein Kloster gestanden haben, übrig geblieben sind Reste des Kellers, in dem Archäologen einen Bierhahn aus Messing gefunden haben.

Folgen Sie nun dem Norra Kustvägen. Auf der schmalen Straße fährt kaum ein Auto. Nach 35 km kommen Sie nach *Bjuröklubb.* An

Endpunkt der Wanderung: Ruinen der Festung Bohus am Götakanal

der Spitze einer stillen Bucht steht der gleichnamige Leuchtturm, der heute ein Café beherbergt *(18. Juni–7. Aug tgl. 12–18 Uhr)*. Insider Tipp Im Leuchtturm können Sie auch übernachten *(9 Zi., Tel. 070/510 66 60, www.bjuroklubb.nu, €)*. Machen Sie unbedingt einen Spaziergang zum Jungfrauenhafen, dort stand bereits im 13. Jh. ein Hafen. Im Wald dahinter stehen Reste von mittelalterlichen Behausungen.

Setzen Sie Ihre Fahrt Richtung Lövanger fort, und fahren Sie dort wieder auf die E4. In der Kirchenstadt von *Lövanger*, die zu den am besten erhaltenen des Landes gehört, schliefen die von weither angereisten Gläubigen. Nach weiteren 90 km auf der E4 sind Sie in *Umeå (S. 90)*. Über Örnsköldsvik kommen Sie in die Region *Höga Kusten (S. 77)*. Hier können Sie wandern, reiten oder schwimmen.

Schauen Sie sich unbedingt auch den Fischerort *Bönhamn* mit der Kapelle aus dem 17. Jh. an. Der auf der Insel *Högbonden* an der Steilküste gelegene Leuchtturm ist Insider Tipp zur Jugendherberge umfunktioniert worden *(Mai–Okt. Tel. 0613/230 05, Nov.–April Tel. 230 00, www.hogbonden.se, €)*. Wieder auf der E4, überqueren Sie bald die Brücke *Höga Kusten Bron*. Halten Sie davor auf dem Parkplatz des *Hotels Höga Kusten (28 Zi., Tel. 0613/72 22 70, Fax 72 22 79, www.hotellhoga-kusten.se, €€)*, um den unvergleichlichen Blick über die Region zu genießen.

Weiter geht es nach *Härnosand*. Das *Freilichtmuseum Murberg (Di bis So 11–17 Uhr, Eintritt frei, www.ylm.se)* verschafft einen Überblick über die kulturhistorische Geschichte Nordschwedens. Vom *Vårdkasberg* überblicken Sie die Stadt und das Umland. In der Hochsaison legen in Härnosand Ausflugsboote ab, die in die Region Höga Kusten fahren *(Tel. 070/660 52 92, www.adalen3.com, oder Tel. 0613/105 50, www.hkship.se)*. Weiter geht es die E4 nach *Sundsvall (S. 82)*, wo Sie Ihre Reise beenden.

Ein Paradies für Aktivurlauber

Sportfreunde finden in Schweden jede Menge Herausforderungen

Berge, weite, unbewohnte Landschaften, Flüsse, Seen und natürlich das Meer – Schwedens Natur bietet beste Voraussetzungen für Outdoorsport. Ob Skifahren, Wandern, Reiten, Segeln, Schwimmen oder Schlittschuhlaufen: Sportfreaks haben zu jeder Jahreszeit die freie Wahl. Die Schweden mögen ganz besonders jede Art von Sport, der auf dem Wasser – ob flüssig oder gefroren – praktiziert wird. Begeistert schippern sie im Sommer mit dem Segelboot oder dem Kanu auf den vielen Wasserwegen umher, im Winter legen sie die gleiche Strecke mit *långfärdskridskor,* speziellen Schlittschuhen, auf dem Eis zurück. Informationen erteilt in der Regel auch das Turistbyrå vor Ort.

ANGELN

Die vielen Flüsse und Seen sowie das Meer bieten beste Voraussetzungen für einen spannenden Angelurlaub. Besonders gute Fischgründe für Freizeitfischer sind die Flüsse *Ätran, Lagan* und *Nissan* im Süden des Landes. Wollen Sie ein paar Tage angeln und entspannen,

In den fischreichen Flüssen und Seen schlägt des Anglers Herz höher

dann fahren Sie am besten in den Norden des Landes. Weit über Schweden hinaus bekannt ist das *Fischcamp Tjuonajokk (Tel. 0970/ 136 30, www.tjuonajokk.se)* in Lappland. Unter der Mitternachtssonne macht das Angeln besonders viel Spaß, im Winter können Sie eisfischen. Für die schwedischen Binnengewässer wird eine Angelkarte benötigt, die es beim örtlichen Turistbyrå und Sportgeschäften sowie häufig an Kiosken gibt. An der Küste sowie den Seen *Vättern* und *Vänern* darf auch ohne Karte geangelt werden. Auch mitten in der Stockholmer Innenstadt können Sie ohne Genehmigung angeln – und das direkt vorm Haus des Regierungschefs im Strom, der nördlich des Reichstags fließt.

Insider Tipp

FAHRRADFAHREN

Die relativ flache Landschaft macht Schweden zum perfekten Ort für Radfahrer, denen es darauf ankommt, gemütlich zu fahren und viel zu sehen, statt möglichst viele Höhenmeter zurückzulegen. Herrlich fährt es sich auf der Insel *Gotland,* dort ist es auch nie weit zum nächsten Strand. Auf dem Festland sind die Strecken im Süden des

Kinder sind hier gern gesehen

In Astrid Lindgrens Heimatland sind Reisen mit Kindern ein Vergnügen

Schweden ist ein sehr familienfreundliches Land. Staat und Gesellschaft unterstützen Paare mit Kinderwunsch ganz besonders. Beide Elternteile können sich zur Erziehung bezahlten Urlaub nehmen, Kindergartenplätze stellt der Staat für alle zur Verfügung. Auch Familien, die in Schweden Urlaub machen, spüren dieses familien- und kinderfreundliche Klima: In vielen Restaurants gibt es Hochstühle und preiswertere Kinderportionen, Wickeltische sind auf Herren- und Damentoiletten eine Selbstverständlichkeit. In vielen Hotels schlafen Kinder und oftmals Jugendliche im Zimmer ihrer Eltern kostenlos. Jeder Erwachsene kann in Zügen zwei Kinder bis 15 Jahre kostenlos mitnehmen. Museen haben oft eine Ecke oder einen speziellen Raum, wo Kinder ihre eigenen Kunstwerke produzieren können. Insider Tipp

STOCKHOLM

Gröna Lund **[U F5–6]**
Traditionsreicher Vergnügungspark auf der Insel Djurgården mitten in der Stadt. Alle klassischen Attraktionen wie Achterbahn und Kettenkarussell. Mit Café und Restaurant. *Mai–Sept. tgl. 14–22 Uhr, in der Hochsaison teilweise auch 10–24 Uhr, Eintritt 60 SEK, Kinder 4–12 Jahre 30 SEK, bis 3 Jahre frei, zzgl. Preise für Attraktionen, Lilla Allmänna Gränd 9, Tel. 08/58 75 01 00, www.gronalund.se*

Junibacken **[U E4]**
Im Kindermuseum Junibacken tauchen Sie und Ihre Kleinen in die Welt von Astrid Lindgrens Geschichten ein. Treffen Sie Pippi Langstrumpf in der Villa Kunterbunt, und besuchen Sie Schwedens größte Kinderbuchhandlung. Insider Tipp Bistro. *Aug.–Mai Di–So 10–17 Uhr, Juni tgl. 10–17 Uhr, Juli tgl. 9–19 Uhr, Eintritt 110 SEK, Kinder bis 2 Jahre kostenlos, 3–15 Jahre 95 SEK, Galärvarvsvägen (Djurgården), Tel. 08/58 72 30 00, www.junibacken.se*

DER SÜDEN

Astrid Lindgrens Värld **[121 D2]**
In Vimmerby, dem Heimatort der berühmten Schriftstellerin, ist für Kinder die ganze Welt aus den Lindgren-Geschichten nachgebaut worden. Auf dem riesigen Areal stehen Pippis Villa Kunterbunt, Michels Hof von Kattult und das Dorf

Blumenschmuck zum Midsommar

Bullerbü. Außerdem Theateraufführungen und eine Ausstellung zu Ehren der Autorin. Mit Café und Restaurant. *14. Mai–10. Juni tgl. 10 bis 17 Uhr, Eintritt 125 SEK, Kinder bis 3 Jahre frei, 4–15 Jahre 105 SEK, 11. Juni–28. Aug. tgl. 10–18 Uhr, Eintritt 210 SEK, Kinder bis 3 Jahre frei, 4–15 Jahre 145 SEK, Vimmerby, Tel. 0492/798 00, www.alv.se*

Barnens Gård **[120 C5]**
Ob Abenteuerwald mit Klettersteigen, Tierpark oder Schatzsuche – hier kommen die Kleinen voll auf ihre Kosten. Mit Café und Restaurant. *12. Juni–16. Aug. tgl. 10–18 Uhr, Eintritt Kinder und Erwachsene 75 SEK, Kinder unter 90 cm frei, Svinaberga (4 km südlich von Kivik am Riksväg 9), Tel. 0414/713 15, www.barnensgard.nu*

Kreativum **[120 C4]**
Hier lernen Kinder spielend naturwissenschaftliche Phänomene kennen. Beim Erraten unterschiedlicher Düfte wird der Geruchssinn auf die Probe gestellt, Zauberspiegel führen den Sehsinn in die Irre. Außerdem können Kinder einen Animationsfilm produzieren, ein Boot bauen und Papier herstellen. Spannende naturwissenschaftliche Filme zeigt das 3D-Kino. *10. Juni–28. Aug. tgl. 10–17 Uhr, 29. Aug.–9. Juni Fr–So 11–17 Uhr, Eintritt 90 SEK, Kinder 70 SEK, Stömavägen 28, Karlshamn, Tel. 0454/30 33 60, www.kreativum.se*

WESTKÜSTE

Halmstad Äventyrsland **[120 B3]**
Gleich sechs Themenparks gibt es im Abenteuerland vor den Toren von Halmstad. Im Miniland stehen die berühmtesten Schlösser Schwedens im Maßstab 1:25 nachgebaut, Dinosaurier in Originalgröße gibt es im Dinoland, außerdem können Sie eine Kirmes, ein Märchen- und ein Piratenland besuchen. Mit Restaurant. *Gamla Tylösandsvägen 1, 24. Juni–1. Sept. tgl. 10–20 Uhr, Eintritt 150 SEK, Kinder unter 1 m frei, Tel. 035/10 84 60, www.aventyrslandet.se*

Universeum **[120 A2]**
Wissenschaftsmuseum und Erlebniszentrum in Göteborg. Mit Tropenlandschaften und Aquarium. *Jan. bis April und 22. Aug.–Dez. Di–So 11–18, Mai–26. Juni tgl. 10–18, 27. Juni–21. Aug. tgl. 10–19, Eintritt 110 SEK wochentags, Hochsaison und Wochenende 135 SEK, Kinder unter 5 Jahre frei, Södra Vägen 50, Tel. 031/335 64 50, www.universeum.se*

MITTELSCHWEDEN

Vildmark i Värmland **[122 B3]**
Bauen Sie mit Ihren Kindern unter Anleitung ein Floß, und schippern Sie damit den Klarälv hinunter. Die Experten von Vildmark i Värmland zeigen Ihnen, wie es geht, und begleiten Sie auf ein- bis siebentägigen Touren. Angeboten werden auch Kanu- und Klettertouren. *Ab 500 SEK, Kinder bis 14 Jahre 250 SEK, Torsby, Tel. 0560/140 40, www.vildmark.se*

Barnens ö **[122 C5]**
Auf der Kinderinsel in Örebro gibt es alles im Miniformat. Die Kinder können mit dem Liliputzug oder kleinen Elektroautos in den Tierpark oder zum Spielplatz fahren. *Mai–Aug Mo–Fr 10–17 Uhr, Sa und*

Ob im Tier- oder Abenteuerpark: Kinder können viel entdecken

So 11–18 Uhr, Sept. Sa und So 11–18 Uhr, Eintritt frei, Örebro, Tel. 019/14 96 10

MITTLERER NORDEN

Äventyret Sommarland [122 C2]
Schwimmbäder mit Rutschbahn, Hüpf- und Kletterburgen, Motorgokarts sowie Tret- und Elektroboote begeistern Groß und Klein. Restaurant. *Juni–Aug. tgl. 10–17 Uhr, Eintritt 155 SEK, Kinder 120 SEK (in der Hochsaison teurer), Leksand am Siljan-See, Tel. 0247/139 39, www.sommarland.nu*

Verket [125 D3]
Entdecken Sie, wie es früher in einem schwedischen Erzwerk zuging. Genau das Richtige für Technikinteressierte und Abenteuerlustige. *Juni bis Aug. tgl. 11–17 Uhr, Sept. und Okt. Sa und So 12–16 Uhr, Eintritt 50 SEK, Kinder 25 SEK, Koppardalen i Avesta, Avesta, Tel. 0226/ 64 51 77, www.verket.se*

NORDEN

Lilleputtlandet [125 F2]
Abenteuerpark mit mehr als 30 Angeboten – wie Gold waschen, auf Schatzsuche gehen oder Cowboy spielen. *27. Juni–7. Aug. Sa–Do 11–17 Uhr, Eintritt 50 SEK, Kinder 80 SEK, Stämningsgården (5 km vor Skellefteå an der Straße 95), Tel. 0910/563 33*

Lycksele Djurpark [125 E2]
In Schwedens nördlichstem Tierpark leben vor allem Tiere, die es dort auch in freier Wildbahn gibt: Bären, Luchse, Elche und Rentiere. Für die Kinder gibt es einen extra Park mit Kletterturm, Karussell, Elektrobooten. Restaurant. *Juni bis Aug. tgl. 10–16 Uhr, weitere Öffnungszeiten telefonisch erfragen, Eintritt 55 SEK, Kinder 4–17 Jahre 35 SEK, Kinder unter 3 Jahre frei, in der Hochsaison teurer, Brännbergsvägen (Lycksele), Tel. 0950/ 163 63, www.lyckseledjurpark.com*

Angesagt!

Was Sie wissen sollten über Trends, die Szene und Kuriositäten in Schweden

Schlager
Schweden begeistern sich für leichte Musik. Dabei muss es nicht immer Abba sein. Alljährlicher Höhepunkt sind für Schlagerfans die Vorauswahlen zum European Song Contest. Spätestens am Abend der Endausscheidung ist es in den Clubs und auf den Straßen merklich leerer, weil fast jeder vor dem Fernseher sitzt, um mitzufiebern und mitzusingen.

Förfest, Efterfest und Tjejkväll
Weil der Alkohol in schwedischen Bars und Kneipen teuer ist, wird vor dem Ausgehen schon einmal zu Hause mit dem Trinken begonnen. Das nennt sich dann *förfest* (Vorfest), nach dem Clubbing gibt es manchmal noch ein *efterfest* (Nachfest) – meist fließt dabei ebenso viel Alkohol. Bier und Schnaps gehören auch beim *tjejkväll* (Mädchenabend) zur Grundausstattung. Die Mädels treffen sich gerne auch mal ohne ihre Männer. Gesprächsthema Nummer eins: die schwedischen Männer.

EST – Esbjörn Svensson Trio
Das Jazztrio um den Pianisten Esbjörn Svensson tritt mittlerweile weltweit in bekannten Clubs auf. Obwohl ihr leicht verpopter Pianojazz jenseits des Mainstreams liegt, erklimmen ihre CDs locker die Charts.

Frauenfußball
In Schweden wird *damfotboll* zur besten Sendezeit im Fernsehen gezeigt. Die Frauenfußballteams haben oft mindestens so viele Fans wie die Männerclubs, Nachwuchssorgen gibt es auch keine.

Mode aus Schweden
Viele Schweden bevorzugen heimische Modelabels. Die junge weibliche Generation deckt sich am liebsten komplett bei der Modekette *Hennes & Mauritz (H & M)* ein. Wer mehr Geld hat und es eleganter mag, geht zu Boutiquen der Designerinnen *Anna Holtblad* oder *Filippa K.*, die auch Herrenkollektionen entworfen haben. Weitere beliebte Labels der gehobenen Preisklasse sind *Gant* und *Tiger of Sweden*.

Von Anreise bis Zoll

Hier finden Sie kurz gefasst die wichtigsten Adressen und Informationen für Ihre Schwedenreise

ANREISE

Auto/Fähre

Aus Deutschland gibt es mehrere Verbindungen mit Autofähre nach Schweden (alle Telefonnummern in Deutschland). Von Travemünde aus geht es sowohl nach Malmö *(Nordö Link, 9 Stunden, Tel. 04502/805 11, www.nordoe-link.se)* als auch nach Trelleborg *(TT Line, 7 Stunden, Tel. 036/014 42, www.ttline.de)*. TT sowie Scandlines und Stena Line bedienen auch die Strecke Rostock–Trelleborg *(5,5 Stunden, Scandlines, Tel. 01805/72 26 35 46 37, www.scandlines.de, Stena: www.stenaline.de)*. Stena verbindet außerdem Kiel mit Göteborg *(14,5 Stunden)*. Scandlines fährt auch Sassnitz–Trelleborg *(4 Stunden)* sowie von Puttgarden ins dänische *Rødby (45 Minuten)*, von dort aus geht es weiter über Kopenhagen und die Öresundbrücke. Wer keine Zeit mit der langsamen Überfahrt verbringen möchte, nimmt am besten direkt die Öresundbrücke.

Bahn

Von Berlin nach Malmö über Sassnitz verkehrt nachts ein Direktzug (9 Stunden), mit Umsteigen in Kopenhagen ist Schweden von fast allen deutschen Großstädten gut zu erreichen. Von der dänischen Hauptstadt fährt alle 10 Minuten ein Zug nach Malmö, ein Zug nach Stockholm verkehrt tagsüber stündlich. Über Östersund geht es in den Norden mit der Inlandsbahn. *www.sj.se, www.inlandsbanan.se*

Flugzeug

Flüge nach Schweden sind sehr preiswert geworden. Tickets gibt es ab 20 Euro, in der Regel muss mit 100 Euro gerechnet werden. Ryanair steuert von Frankfurt/Hahn, Lübeck sowie Weeze am Niederrhein Stockholm an und fliegt von Frankfurt/Hahn nach Göteborg. Germanwings fliegt von Köln und Berlin nach Stockholm, Germania Express von München nach Stockholm. SAS und Lufthansa bieten weiterhin die meisten Flüge an.

AUSKUNFT

Schweden-Werbung für Reise und Touristik

Michaelisstraße 22, 20459 Hamburg, Tel. 040/32 55 13 20, 044/580 62 94 (aus der Schweiz), 0192/867 02 (aus Österreich), www.swetourism.de

AUTO

In Schweden muss rund um die Uhr mit Licht gefahren werden.

Das Tempolimit in Ortschaften beträgt 50 km/h, außerhalb zwischen 70 und 110 km/h. Die Promillegrenze liegt bei 0,2. Die Strafen bei Verstößen gegen die Straßenverkehrsordnung sind meist drastischer als in Deutschland. Parkplätze sind in den großen Städten rar und teuer, dafür ist der öffentliche Nahverkehr gut ausgebaut.

DIPLOMATISCHE VERTRETUNGEN

Deutsche Botschaft
Sarpögatan 9, Stockholm, Tel. 08/670 15 00, Fax 670 15 72, www.stockholm.diplo.de

Österreichische Botschaft
Kommendörsgatan 35/V, Stockholm, Tel. 08/665 17 70, Fax 662 69 28, www.aussenministerium.at/stockholm

Schweizerische Botschaft
Valhallavägen 64, Stockholm, Tel. 08/676 79 00, Fax 21 15 04, www.eda.admin.ch/stockholm

EINREISE

Für die Einreise reicht für Bürger aus EU-Staaten und der Schweiz der Personalausweis.

FKK

Generell darf in Schweden an jeder Stelle nackt gebadet werden. Viele Strände haben einen FKK-Abschnitt. Einen Überblick gibt es bei *www.naturistnet.org*

GELD & KREDITKARTEN

Schweden ist zwar seit 1995 Mitglied der Europäischen Union, die Landeswährung ist aber weiterhin die Schwedische Krone (SEK). Viele Geschäfte und Hotels akzeptieren auch Euros, allerdings meist zu einem schlechten Wechselkurs. Fast überall kann mit der Kreditkarte bezahlt werden. Geldautomaten gibt es an jeder Ecke. Wer Kunde bei der deutschen SEB ist, hebt auch bei der schwedischen SEB Geld kostenlos ab. Die Banken haben meist von 9.30 bis 15 Uhr geöffnet.

GESUNDHEIT

Versicherte werden in Schweden gegen Vorlage der europäischen Versichertenkarte behandelt. Allerdings sind die Wartezeiten auch bei Routineuntersuchungen oft extrem lang. Vor der Anreise empfiehlt sich eine Impfung gegen Frühsommer-Meningoencephalitis (FSME), die durch Zecken übertragen wird. Leitungswasser ist in der Regel bedenkenlos trinkbar.

INTERNET

Das Internet ist in Schweden sehr weit verbreitet. Für Aktuelles lohnt ein Blick auf *www.sweden.se* (Schwedens offizielle Website). Hotel- und Restaurantempfehlungen finden Sie auf der Website *www.hotelsinsweden.net/german* vom Schwedischen Hotel- und Restaurantverband.

INTERNETCAFÉS

Internetzugänge gibt es an Flughäfen, Bahnhöfen und Busbahnhöfen sowie in etlichen Cafés und den 7-Eleven-Kiosken. Daneben bieten alle Scandichotels sowie viele andere Häuser und Cafés Gästen, die ihren Laptop mitbringen, einen W-Lan-Zugang. Die nordschwedische Stadt *Skellefteå* ist fast flächendeckend mit W-Lan ausgestattet.

Was kostet wie viel?

Kaffee	**ca. 1,60 Euro** für eine Tasse Kaffee
Bier	**ca. 4,50 Euro** für 0,4 Liter
Snack	**ca. 1,60 Euro** für einen Hot Dog
Disko	**ca. 10 Euro** für den Eintritt
Benzin	**1,20 Euro** für einen Liter Normal
Eis	**3 Euro** für ein Waffeleis mit drei Kugeln

KLIMA & REISEZEIT

In den Wintermonaten kann es sehr kalt werden. Auch in Stockholm fällt das Thermometer dann manchmal unter minus 10 Grad. Dann ist es auch tagsüber nur sehr kurz hell. Die Sommer sind angenehm warm, ohne dass es zu heiß wird, im Juni ist es fast rund um die Uhr hell.

MASSE & GEWICHTE

Wegstrecken werden in Schweden häufig in schwedischen Meilen *(mil)* angegeben. Eine schwedische Meile entspricht 10 km. Bei Rezepten steht als Maßangabe oft Deziliter statt Gramm, gemessen wird also das Volumen, nicht das Gewicht der Zutaten.

€	SEK
1	9,44
2	18,87
3	28,31
5	47,18
7	66,05
10	94,36
20	188,71
25	235,89
50	471,78

SEK	€
10	1,06
20	2,12
25	2,65
50	5,30
75	7,95
150	15,90
250	26,50
500	52,99
800	84,79

MEDIEN

Die Tageszeitungen informieren über Theatervorstellungen, Konzerte und andere Veranstaltungen, Termine zu Stockholm gibt es unter *www.dn.se/pastan.* In vielen Städten wird die Zeitung *Nöjesguiden* mit Hinweisen zu Cafés, Restaurants und Unterkünften angeboten. Die Website *www.schwedenstube.de* veröffentlicht einen Überblick über Sendungen im deutschen Fernsehen mit Schwedenbezug. Speziell für Nordeuropafreunde gibt es in Deutschland, Österreich und der Schweiz das Magazin *Nordis (www.nordis.de)* zu kaufen.

MIETWAGEN

Mietwagen sind in Schweden relativ teuer. Wer wenig fährt, kann allerdings schon ab rund 30 Euro (280 SEK) für einen Tag einen kleinen Wagen mieten. Im Sommer gibt es oft Sonderangebote. Ein sehr dichtes Filialnetz und günstige Preise bietet *Statoil (Tel. 0770/25 25 25, www.statoil.se/biluthyrning).* Weitere Aungebote für Mietwagen finden Sie unter *www.marcopolo.de.*

NOTRUF

Nationale Notrufnummer ist in Schweden die 112.

ÖFFENTLICHE VERKEHRSMITTEL

In fast allen Orten gibt es gute Bahn- und Busverbindungen, sodass ein Urlaub ohne Auto kein Problem darstellt. In den Großstädten ist der öffentliche Nahverkehr sehr gut ausgebaut, es fahren zusätzlich auch Nachtbusse.

ÖFFNUNGSZEITEN

Viele Geschäfte, vor allem Supermärkte, haben in Schweden bis spätabends (oft 21 Uhr) und auch samstags und sonntags geöffnet. Museen, Sehenswürdigkeiten und Vergnügungsparks haben je nach Saison stark variierende Öffnungszeiten. Zwischen Mitte Juni und Mitte August, wenn in Schweden Schulferien sind und die meisten Touristen das Land bereisen, haben alle deutlich länger geöffnet als außerhalb der Saison. Gerade in kleineren Orten haben Museen und Restaurants außerhalb des Sommers nur eingeschränkt geöffnet. Manche Häuser machen für angekündigte Gäste aber extra auf, es empfiehlt sich deshalb, vorher anzurufen, um nicht vor verschlossener Tür zu stehen.

POST

Das Porto für Postkarten und Briefe (bis 20 Gramm) kostet weltweit 10 SEK. Die Zahl der Postfilialen ist in den vergangenen Jahren erheblich ausgedünnt worden, dafür bieten viele Supermärkte und Kioske der Kette *Pressbyrån* Postdienstleistungen an.

PREISE

Schweden ist eines der teuersten Reiseländer Europas. Im Sommer und an Wochenenden sind die Preise für Übernachtungen in vielen Hotels deutlich niedriger als im übrigen Jahr. Die im vorliegenden Reiseführer angegebenen Preisspannen beziehen sich auf die Standardraten. Vor allem in sehr guten Hotels wird im Sommer und am Wochenende oft nur die Hälfte des Normalpreises verlangt. Seit Anfang 2005 ist der Eintritt in viele Museen frei.

STROM

220 Volt Wechselstrom.

TELEFON & HANDY

Für einen längeren Urlaub lohnt sich der Kauf einer Pre-Paid-Karte fürs Handy. Die gibt es schon für wenige Euro. Sie ermöglicht relativ preisgünstiges Telefonieren innerhalb Schwedens. Besonders empfehlenswert ist Telia. Der Exmonopolist hat die beste Netzabdeckung und funktioniert auch in entlegenen Gebieten (Verkauf an Kiosken und Geschäftsstellen von Telia, *www.telia.se).* Die Vorwahl für Schweden ist 0046. Vorwahl nach Deutschland: 0049, nach Österreich: 0043, in die Schweiz: 0041.

TRINKGELD

Trinkgeld in Cafés, Restaurants oder bei Taxifahrten ist in Schweden nicht so weit verbreitet wie in anderen Ländern. Gerade in Cafés bedient man sich ohnehin oft selber, und der Service lässt leider selbst in guten Restaurants oft zu wünschen übrig. Unabhängig davon freut sich natürlich jeder, wenn gute Arbeit mit einem kleinen Obolus belohnt wird.

UNTERKÜNFTE

Bei der Planung von Reisen und der Suche nach Unterkünften hilft die Website *www.map24.se.* Hier können Wegstrecken zwischen zwei beliebigen Orten in Schweden errechnet werden, gleichzeitig gibt es dort Tipps, wo am Rande des Weges preiswert übernachtet werden kann. Allerdings sind nicht alle Hotels verzeichnet.

Campingplätze

Eine Übersicht bietet die Website *www.camping.se.*

Ferienhäuser & Feriendörfer

Viele Ferienhäuser werden über große Anbieter vermittelt und sollten vor allem in der Hauptsaison schon im Voraus gebucht werden. Informationen gibt es bei der *Schweden-Werbung für Reise und Touristik* sowie dem Turistbyrå vor Ort und bei Reisebüros. Im Internet annoncieren zahlreiche Privatpersonen, die Unterkünfte vermieten – eine sehr übersichtliche Website ist *www.stugknuten.com.*

An vielen Stellen gibt es auch Feriendörfer *(semesterby).* Diese Ansammlungen von preiswerten Hütten haben zumeist einfacheren Standard, liegen aber oft an schönen Orten, meist an einem See oder am Meer.

Hotels
Einen Überblick über Hotels in Schweden, jedoch keine Buchungsmöglichkeit bietet der Schwedische Hotelverband auf seiner Website *www.hotelsinsweden.com.* Besonders preiswert ist die Buchung über Agenturen, die mehrere Häuser im Angebot haben *(z. B. Hotel Reservation Service, Tel. 01805/47 70 00 in Deutschland, www.hrs.de, oder lokale Seiten wie www.malmo.se/hotels).*

Jugendherbergen, B & B
Adressen von Jugendherbergen finden Sie beim schwedischen Touristenverein *(www.stf.nu)* und dem Schwedischen Wanderheimverband *(www.svif.se).* Preiswerte Bed-&-Breakfast-Unterkünfte können Sie sowohl in den Städten als auch auf dem Land finden.

ZEIT

In Schweden gilt die mitteleuropäische Zeit inklusive Sommerzeit.

ZOLL

Seit 2004 gelten neue, deutlich großzügigere Bestimmungen für die Einfuhr von Alkohol und Tabak aus EU-Ländern. Zollfrei einführen dürfen Sie ab 20 Jahren 10 l Spirituosen mit einem Alkoholgehalt über 22 Prozent, 20 l Dessertwein (15–22 Prozent), 90 l Wein (davon höchstens 60 l Schaumwein), 110 l Bier sowie (ab 18 Jahren) 800 Zigaretten oder 400 Zigarillos oder 100 Zigarren oder 1 kg Tabak. Bei der Rückkehr dürfen Sie Waren für den persönlichen Verbrauch mitnehmen, u. a. 10 l Spirituosen, 90 l Wein und 800 Zigaretten.

Wetter in Stockholm

	Jan.	Feb.	März	April	Mai	Juni	Juli	Aug.	Sept.	Okt.	Nov.	Dez.
Tagestemperaturen in °C	–1	–1	3	8	14	19	22	20	15	9	5	2
Nachttemperaturen in °C	–5	–5	–4	1	6	11	14	13	9	5	1	–2
Sonnenschein Std./Tag	1	2	5	7	9	10	9	7	6	3	1	1
Niederschlag Tage/Monat	10	7	6	7	7	8	9	10	9	9	10	11
Wassertemperaturen in °C	3	1	1	2	5	10	15	15	13	10	7	4

Pratar du svenska?

»Sprichst du Schwedisch?«
Dieser Sprachführer hilft Ihnen, die wichtigsten Wörter und Sätze auf Schwedisch zu sagen

Zur Erleichterung der Aussprache sind alle schwedischen Wörter mit einer einfachen Aussprache (in eckigen Klammern) versehen.
Im Schwedischen ist das persönliche »Du« üblich. Diesem Brauch wurde auch im vorliegenden Sprachführer gefolgt. Im Deutschen wurde jedoch das »Sie« beibehalten.

AUF EINEN BLICK

Ja./Nein.	Ja. [ja]/Nej. [nëi]
Vielleicht.	Kanske. [kansche]
Bitte.	Varsågod. [warsoguhdi]
Danke.	Tack. [tak]
Gern geschehen.	Ingen orsak. [ingen uhrsahk]
Entschuldigung!	Ursäkta!/Förlåt! [ürsäkta/förloht]
Wie bitte?	Förlåt? [förloht]
Ich verstehe nicht.	Jag förstår inte. [ja förstohrii inte]
Ich spreche nur wenig Schwedisch.	Jag talar bara litet svenska. [ja tahlar bahra lite svenska]
Können Sie mir bitte helfen?	Förlåt, kan du hjälpa mig? [förloht, kan dü jelpa mëi]
Ich möchte … (haben).	Jag skulle vilja (ha) … [jag skule wilja (ha)]
Das gefällt mir (nicht).	Det tycker jag (inte) om. [de tüker ja (inte) om]
Haben Sie …?	Har du …? [hahr dü]
Wie viel kostet es?	Hur mycket kostar den/det? [hühr müke kostar den/det]
Wie viel Uhr ist es?	Hur mycket är klockan? [hühr müke é klokan]

KENNENLERNEN

Guten Morgen!	God morgon! [gumoron]
Guten Tag!	God dag! [gudà]
Guten Abend!	God afton! [guafton]
Hallo! Grüß dich!	Hej! [hëi]

Wie geht es Ihnen/dir?	Hur mår ni/du? [hühr mohr ni/dü]
Danke. Und Ihnen/dir?	Bra tack, och ni/du själv? [bra tak, ok ni/dü schälw]
Auf Wiedersehen!	Adjö! [ajö]
Bis morgen!	Vi ses i morgon! [wi ses imoron]
Tschüss!	Hej då! [hëi do]

UNTERWEGS

Auskunft

links/rechts	till vänster/till höger [til wänster/til höger]
geradeaus	rakt fram [rakt fram]
nah/weit	nära/långt (bort) [nära/longt (bort)]
Entschuldigung, wie komme ich bitte nach …?	Förlåt, hur kommer jag till …? [förloht, hür komer ja til]
Bitte, wo ist …	Förlåt, var ligger … [förloht, war liger]
… der Hauptbahnhof?	… centralstationen? [sentralstaschunen]
… die U-Bahn?	… tunnelbanan? [tunelbahnan]
… der Flughafen?	… flygplatsen? [flügplatsen]
Wie weit ist das?	Hur långt är det? [hühr longt e de]

Panne

Ich habe eine Panne.	Min bil har gått sönder. [min bihl har got söner]
Würden Sie mir bitte einen Abschleppwagen schicken?	Vill du vara vänlig och ringa efter en bärgningsbil? [wil dü wa wenlig o ringa efter en bärjiningsbihl]
Wo ist hier in der Nähe eine Werkstatt?	Finns det en verkstad här i närheten? [fins de en werkstahd här i närheten]

Tankstelle

Wo ist bitte die nächste Tankstelle?	Ursäkta, var ligger närmaste mack/bensinstation? [ursäkta, wahr liger närmaste mak/bensihnstaschun]
Ich möchte … Liter …	Jag vill ha … liter … [ja wil ha … lihter …]
… 95 Oktan bleifrei.	… 95 oktan blyfri. [nitifem oktan blüfri]
… 98 Oktan bleifrei.	… 98 oktan blyfri. [nitiota oktan blüfri]]
… Diesel.	… diesel. [disel]
Voll tanken, bitte.	Full tank, tack. [ful tank, tak]

Unfall

Hilfe!	Hjälp! [jelp]
Achtung!/Vorsicht!	Se upp!/Varning! [se üp/warning]
Rufen Sie bitte schnell …	Var snäll och ring genast efter … [war snel o ring jenast efter]
… einen Krankenwagen.	… ambulans. [ambulans]
… die Polizei.	… polisen. [puliesen]

… die Feuerwehr.	… brandkåren. [brankoren]
Es war meine/Ihre Schuld.	Det var mitt/ditt fel. [det wa mit/dit fehl]
Geben Sie mir bitte Ihren Namen und Ihre Anschrift.	Kan jag få ditt namn och adress. [kan ja fo dit namn o adress]

ESSEN/UNTERHALTUNG

Wo gibt es hier …	Var finns det … [war fins de]
… ein gutes Restaurant?	… en bra restaurang? [en bra resturang]
… ein nicht zu teures Restaurant?	… en inte alltför dyr restaurang? [en inte altför dür resturang]
Gibt es hier eine gemütliche Kneipe?	Finns det någon trevlig kvarters-krog här? [fins de nohgon trewli kwarterskruhg här]
Reservieren Sie uns bitte für heute Abend einen Tisch für vier Personen.	Kan vi få beställa ett bord för fyra personer till i kväll. [kan wi fo bestäla et buhrd för führa persuhner til i kwel]
Zum Wohl!/Prost!	Skål! [skohl]
Bezahlen, bitte.	Kan jag få betala. [kan ja fo betahla]

EINKAUFEN

Wo finde ich …	Var hittar jag … [war hitar ja]
… eine Apotheke?	… ett apotek? [et apotehk]
… eine Bäckerei?	… ett bageri? [et bageri]
… ein Kaufhaus?	… ett varuhus? [et vahrühüs]
… ein Lebensmittelgeschäft?	… en livsmedelsaffär? [en liwsmedelsafähr]
… einen Markt?	… en marknad? [en marknad]

ÜBERNACHTUNG

Können Sie mir bitte … empfehlen?	Kan du rekommendera … [kan dü rekomendéra]
… ein gutes Hotel …	… ett bra hotell? [et brah hutél]
… eine Pension …	… ett pensionat? [et penschunat]
Ich habe ein Zimmer reserviert.	Jag har beställt ett rum. [ja hahr bestält et rüm]
Haben Sie noch Zimmer frei?	Har du något rum ledigt? [har dü nogot rum ledit]
ein Einzelzimmer	ett enkelrum [et enkelrum]
ein Doppelzimmer	ett dubbelrum [et dubelrum]
für eine Nacht	för en natt [för en nat]
für eine Woche	för en vecka [för en weka]
Was kostet das Zimmer mit …	Vad kostar rummet med … [wa kostar rumet]
… Frühstück?	… frukost? [frukost]
… Halbpension?	… halvpension? [halwpanschun]

PRAKTISCHE INFORMATIONEN

Arzt

Können Sie mir einen guten Arzt empfehlen?	Kan du rekommendera en bra läkare? [kan dü rekomedéra en brah läkare]
Ich habe mich verletzt.	Jag har skadat mig. [ja har skahdatt mäj]
Ich habe Fieber.	Jag har feber. [ja har fehber]
Ich habe hier Schmerzen.	Jag har ont här. [ja har unt här]

Bank

Wo ist hier bitte ...	Var finns det ... här? [war fins de ... här]
... eine Bank?	... en bank ... [en bank]
... eine Wechselstube?	... ett växelkontor ... [et wäxelkontur]
Ich möchte ... Euro (Schweizer Franken) in Kronen umwechseln.	Jag skulle vilja växla ... Euro (schweiziska francs) till kronor. [ja skule wilja wäxla euro (schwëitsiska frang) til krunuhr]

Post

Was kostet ...	Vad kostar ... [wa kostar]
... ein Brief ...	... ett brev ... [et brew]
... eine Postkarte ...	... ett vykort ... [et wükurt]
... nach Deutschland?	... till tyskland? [til tüskland]

ZAHLEN

0	noll [nol]	19	nitton [niton]
1	ett [et]	20	tjugo [schügu]
2	två [twoh]	21	tjugoett [schüguet]
3	tre [tre]	22	tjugotvå [schügutwoh]
4	fyra [füra]	30	trettio [treti]
5	fem [fem]	40	fyrtio [förti]
6	sex [sex]	50	femtio [femti]
7	sju [schü]	60	sextio [sexti]
8	åtta [ota]	70	sjuttio [schuti]
9	nio [nie]	80	åttio [oti]
10	tio [tie]	90	nittio [niti]
11	elva [elwa]	100	hundra [hundra]
12	tolv [tolw]	200	två hundra [two hündra]
13	tretton [treton]	1000	tusen [tühsen]
14	fjorton [fjurton]	2000	två tusen [two tühsen]
15	femton [femton]	10 000	tio tusen [tie tühsen]
16	sexton [sexton]		
17	sjutton [schuton]	1/2	hälften [helften]
18	arton [arton]	1/4	en fjärdedel [en fjärdedehl]

Reiseatlas Schweden

Die Seiteneinteilung für den Reiseatlas finden Sie auf dem hinteren Umschlag dieses Reiseführers

A B C

Kartenlegende Reiseatlas

Autobahn, mehrspurige Straße - in Bau Highway, multilane divided road - under construction		Autoroute, route à plusieurs voies - en construction Autosnelweg, weg met meer rijstroken - in aanleg
Fernverkehrsstraße - in Bau Trunk road - under construction		Route à grande circulation - en construction Weg voor interlokaal verkeer - in aanleg
Hauptstraße Main road		Route principale Hoofdweg
Nebenstraße Secondary road		Route secondaire Overige verharde wegen
Fahrweg, Piste Practicable road, track		Chemin carrossable, piste Weg, piste
Straßennummerierung Road numbering	E20 11 70 26	Numérotage des routes Wegnummering
Entfernungen in Kilometer Distances in kilometers	259 130 129	Distances en kilomètres Afstand in kilometers
Höhe in Meter - Pass Height in meters - Pass	1365	Altitude en mètres - Col Hoogte in meters - Pas
Eisenbahn - Eisenbahnfähre Railway - Railway ferry		Chemin de fer - Ferry-boat Spoorweg - Spoorpont
Autofähre - Schifffahrtslinie Car ferry - Shipping route		Bac autos - Ligne maritime Autoveer - Scheepvaartlijn
Wichtiger internationaler Flughafen - Flughafen Major international airport - Airport		Aéroport important international - Aéroport Belangrijke internationale luchthaven - Luchthaven
Internationale Grenze - Provinzgrenze International boundary - Province boundary		Frontière internationale - Limite de Province Internationale grens - Provinciale grens
Unbestimmte Grenze Undefined boundary		Frontière d'Etat non définie Rijksgrens onbepaalt
Zeitzonengrenze Time zone boundary	-4h Greenwich Time -3h Greenwich Time	Limite de fuseau horaire Tijdzone-grens
Hauptstadt eines souveränen Staates National capital	STOCKHOLM	Capitale nationale Hoofdstad van een souvereine staat
Hauptstadt eines Bundesstaates Federal capital	Nancy	Capitale d'un état fédéral Hoofdstad van een deelstat
Sperrgebiet Restricted area		Zone interdite Verboden gebied
Nationalpark National park		Parc national Nationaal park
Antikes Baudenkmal Ancient monument	∴	Monument antique Antiek monument
Sehenswertes Kulturdenkmal Interesting cultural monument	*Chambord*	Monument culturel intéressant Bezienswaardig cultuurmonument
Sehenswertes Naturdenkmal Interesting natural monument	*Gorges du Tarn*	Monument naturel intéressant Bezienswaardig natuurmonument
Brunnen Well		Puits Bron
Ausflüge & Touren Excursions & tours		Excursions & tours Uitstapjes & tours

122
120
A
B
C
1
2
3
4
5
6
Oslo
Kungshamn
Smögen
Vänersborg
Halleberg
Vargön
Grästorp
Järpås
Skara
Skövde
Tibro
Vadstena
Lysekil
Ljungskile
Henån
Orust
Trollhättan
Vara
Västra
Götaland
Falköping
Stenstorp
Tidaholm
Skultorp
Hjo
Omberg
Alvastra
Ödeshög
Ellös
Stenungsund
Lilla Edet
Nossebro
Floby
Alleberg
Vättern
Mollösund
Tjörn
Sollebrunn
Herrljunga
Kinnarp
Tranås
Lödöse
Vårgårda
Visingsö
Gränna
Älvängen
Mjörn
Annelund
Blidsberg
Habo
Gripenberg
Marstrand
Kungälv
Hisingen
Nol
Gråbo
Surte
Alingsås
Borgstena
Mullsjö
Bankeryd
Haurida
Newcastle,
Harwich
GÖTEBORG
Öckerö
Floda
Lerum
Fristad
JÖNKÖPING
Huskvarna
Partille
Sandared
Ulricehamn
Mölndal
Hindås
Borås
Taberg
Norrahammar
Fenhult
Eksjö
Mölnlycke
Kållered
Viskafors
Nässjö
Frederikshavn
Fritsla
Limmared
Malmbäck
Kinna
Tranemo
Lygnern
Kungsbacka
Svenljunga
Vaggeryd
Tomtabacken
Björköby
Gottskär
Östra Frölunda
Skillingaryd
Sävsjö
Jönköpings län
Horred
Hillerstorp
Vesterø Havn
Læsø
Mjöback
Veddige
Gislaved
Anderstorp
Store Mosse nationalpark
Vrigstad
Læsø Rende
Älvsered
Smålandsstenar
Reftele
Värnamo
Bredaryd
Ullared
Varberg
Ätran
Småland
Tvååker
Hyltebruk
Moheda
Torup
Bolmsö
Rydaholm
Nissan
Kattegat
Falkenberg
Hallands län
Getinge
Lidhult
Bolmen
Ryssby
Alvesta
Vislanda
Anholt
(Dan.)
Oskarström
Vrå
Ljungby
Halmstad
Kronobergs län
Finnveden
Tylösand
Trönninge
Möckeln
Liatorp
Åsnen
Laholmsbukten
Knäred
Strömsnäs bruk
Hallands Väderö
Laholm
Lagan
Almhult
Båstad
Markaryd
Torekov
Tingsryd
Fornæs
Grenaa
Vejbystrand
Skälderviken
Hallandsåsen
Våxtorp
Osby
Lönsboda
Almundsryd
Kullen
Mölle
Ängelholm
Skånes-Fagerhult
Glimåkra
Hästveda
Blekinge
Immeln
Olofström
Arild
Hesselø
Höganäs
Munka-Ljungby
Örkelljunga
Broby
Kiel
Elsegårde
Århus
Hesselø Bugt
Gilleleje
HELSINGBORG
Åstorp
Klippan
Tyringe
Hässleholm
Pukavik
Karlshamn
Frederiksværk
Helsingør
Söderåsen
Bjuv
Perstorp
Vinslöv
Hovgården
Bromölla
Sölvesborg
Gniben
Hundested
Hillerød
Söderåsens nationalpark
Sösdala
Bäckaskog
Trolle-Ljungby
Nykøbing S.
Frederiksborg
Røstånga
Skåne
Tollarp
Kristianstad
Sejerø
Sejerø Bugt
Hørsholm
Svalöv
Höör
Åhus
Frederikssund
Birkerød
Landskrona
Eslöv
Linderödsåsen
Vig
Øresund
Hörby
Degeberga
Røsnæs
Vestsjælland
Skibby
Kävlinge
Löberöd
Hanöbukten
Holbæk
Roskilde
København
Lund
Jyderup
Kalundborg
Lomma
Dalby
Dalby Söderskog nat. park
Kivik
Kungagraven
Brodarö
Haslev
Staffanstorp
Lövestad
Stenshuvuds nationalpark
Sjælland
Amager
MALMÖ
Sjöbo
Gørlev
KØBENHAVN
Romeleåsen
Gärsnäs
Simrishamn
Vellinge
Svedala
Tomelilla
Glimmingehus
Slagelse
Sorø
Ringsted
Køge
Køge Bugt
Skanör med Falsterbo
Skurup
Borrby
Skillinge
Höllviken
Ales stenar
Korsør
Fuglebjerg
Hårlev
Trelleborg
Smygehamn
Abbekås
Ystad
Kåseberga
Sandhammaren
Skælskør
K.Hvalsø
Store Heddinge
Stevns Klint
Bornholm
Agersø
Omø
Fakse
Rønnede
Rødvig
Hammershus
Næstved
Præstø
Fakse Bugt
(Dan.)
Rønne
Aakirkeby
DANMARK
Smålandsfarvandet
Møn
Vordingborg
Borre
Møns Klint
Storstrøm
Stege
Horslunde
Nørre Alslev
Nakskov
Bandholm
Sakskøbing
Stubbekøbing
Falster
Søllested
Lolland
Maribo
Nykøbing F.
Rødby
Rødbyhavn
Væggerløse
Nysted
Kap Arkona
Altenkirchen
Gedser
Gedser Odde
DEUTSCHLAND
Stubbenkammer
N.P.Vorpomm. Boddenlandsch.
Vitte
Nat.P. Jasmund
Puttgarden
Fehmarn
Travemünde
Rostock
Darßer Ort
Zingst
Sassnitz
Rügen
Darß
Barth
Bergen a.R.
Putbus
Binz
Wustrow
Świnoujście
Pommersche Zatoka

D
E
F
1
123
50 km
Linköping
Östergötlands län
Västervik
Kalmar län
Oskarshamn
Kalmar
Karlskrona
Öland
Gotland
Visby
Gotlands län
Gotska Sandön (Sverige)
Norra Kvills nat. park
Blå Jungfrun nat. park
Ölands norra udde
Ölands södra udde
Kalmarsund
Östersjön
Baltic Sea
Ventspils
Tallinn
Turku, Helsinki, Riga
Turku, Helsinki
Liepāja
Klaipėda
Kaliningrad
Södertälje
Nynäshamn
Christiansø (Dan.)
Słowiński Park Narodowy
Woj. pomorskie
POLSKA
Władysławowo
Gdynia
Gdańsk
Sopot
Łeba
Lębork
Ustka
Darłowo
Sławno
Wejherowo
Reda
Kartuzy
Mierzeja Helska
Zatoka Pucka
121
2
3
4
5
6

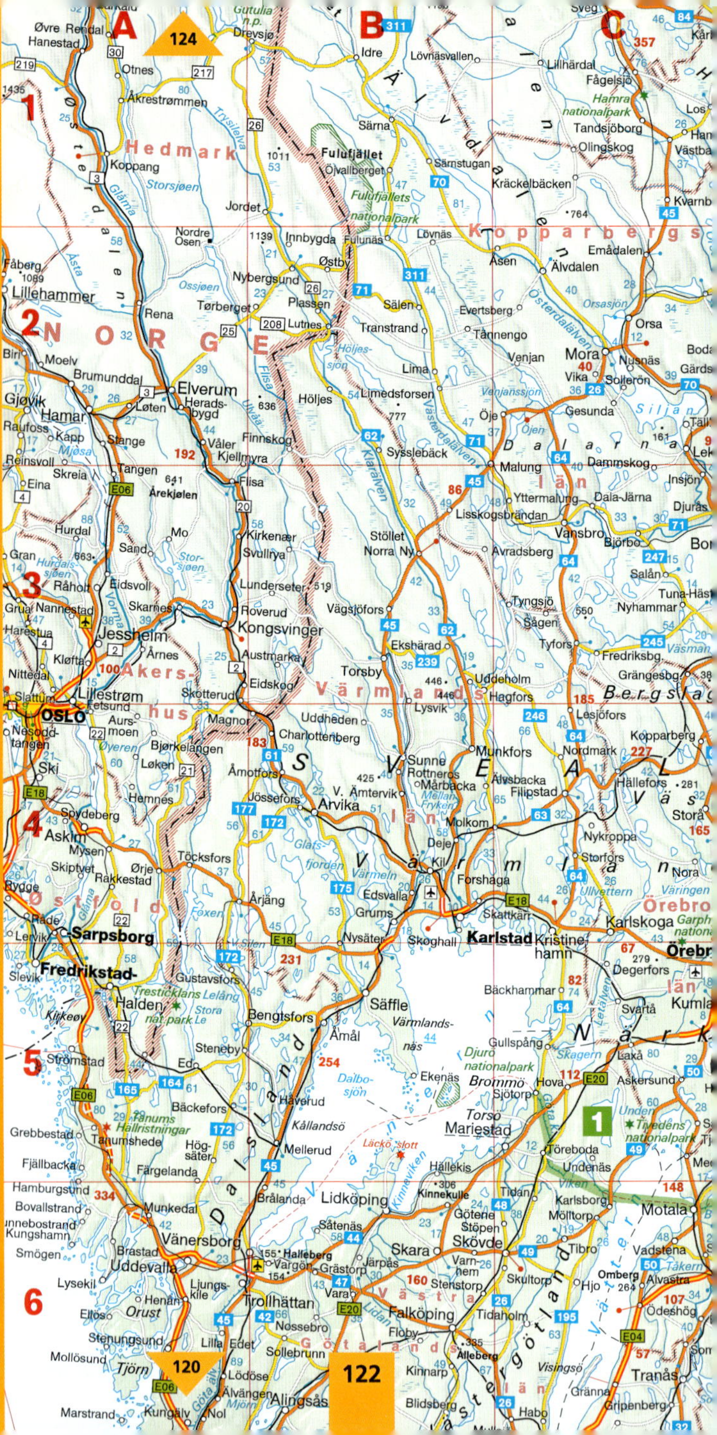

A
B
C
124
1
2
3
4
5
6
120
122
NORGE
Hedmark
Akershus
Østfold
Värmlands län
Kopparbergs län
Dalarna
Dalsland
Västra Götalands län
Östergötland
Närke
Örebro län
Bergslag
Västmanlands
Vänern
Vättern
Øvre Rendal
Hanestad
Otnes
Åkrestrømmen
Koppang
Storsjøen
Østerdalen
Glåma
Trysilelva
Drevsjø
Gutulia n.p.
Idre
Lövnäsvallen
Lillhärdal
Fågelsjö
Hamra nationalpark
Tandsjöborg
Olingskog
Särna
Fulufjället
Öjvallberget
Särnstugan
Kräckelbäcken
Fulufjällets nationalpark
Jordet
Nordre Osen
Innbygda
Fulunäs
Lövnäs
Åsen
Älvdalen
Emådalen
Kvarnberg
Østby
Nybergsund
Plassen
Sälen
Evertsberg
Tørberget
Lutnes
Transtrand
Tännengo
Orsa
Mora
Nusnäs
Vika
Sollerön
Lillehammer
Fåberg
Rena
Moelv
Brumunddal
Elverum
Heradsbygd
Gjøvik
Hamar
Løten
Raufoss
Kapp
Stange
Mjøsa
Våler
Finnskog
Kjellmyra
Höljes
Limedsforsen
Venjan
Öje
Gesunda
Siljan
Sysslebäck
Malung
Dammskog
Insjön
Yttermalung
Dala-Järna
Djurås
Reinsvoll
Skreia
Eina
Tangen
Årekjølen
Flisa
Klarälven
Lisskogsbrändan
Vansbro
Björbo
Hurdal
Mo
Sand
Kirkenær
Svullrya
Stöllet
Norra Ny
Avradsberg
Gran
Råholt
Eidsvoll
Lunderseter
Vägsjöfors
Tyngsjö
Sågen
Nyhammar
Salån
Tuna-Hästberg
Grua
Nannestad
Jessheim
Skarnes
Roverud
Kongsvinger
Ekshärad
Tyfors
Fredriksberg
Harestua
Kløfta
Årnes
Austmarka
Torsby
Uddeholm
Hagfors
Grängesberg
Nittedal
Lillestrøm
Eidskog
Lysvik
Skotterud
Slattum
Fetsund
OSLO
Nesoddtangen
Aursmoen
Magnor
Uddheden
Charlottenberg
Lesjöfors
Kopparberg
Øyeren
Bjørkelangen
Løken
Åmotfors
Sunne
Rottneros
Mårbacka
Munkfors
Nordmark
Hällefors
Ski
Hemnes
Jössefors
Arvika
V. Ämtervik
Älvsbacka
Filipstad
Storå
Spydeberg
Askim
Mysen
Glafsfjorden
Molkom
Deje
Nykroppa
Skiptvet
Rakkestad
Ørje
Töcksfors
Värmeln
Kil
Forshaga
Storfors
Nora
Rygge
Edsvalla
Grums
Skattkärr
Ullvettern
Väringen
Råde
Årjäng
Foxen
Karlskoga
Lervik
Sarpsborg
Nysäter
Skoghall
Karlstad
Kristinehamn
Garphyttans nationalpark
Fredrikstad
Slevik
Gustavsfors
Degerfors
Bäckhammar
Halden
Tresticklans
Stora Le
Lelång
Säffle
Värmlandsnäs
Svartå
Kumla
Kirkeøy
Bengtsfors
Åmål
Gullspång
Skagern
Laxå
Strömstad
Steneby
Ed
Djurö nationalpark
Dalbosjön
Ekenäs
Brommö
Hova
Askersund
Sjötorp
Bäckefors
Håverud
Torsö
Mariestad
Tiveden nationalpark
Grebbestad
Tanumshede
Tanums Hällristningar
Kållandsö
Högsäter
Mellerud
Läckö slott
Töreboda
Undenäs
Fjällbacka
Färgelanda
Kinneviken
Hällekis
Hamburgsund
Kinnekulle
Tidan
Karlsborg
Motala
Bovallstrand
Munkedal
Brålanda
Lidköping
Götene
Mölltorp
Hunnebostrand
Kungshamn
Sätenäs
Stöpen
Vänersborg
Skara
Skövde
Tibro
Vadstena
Smögen
Brastad
Halleberg
Vargön
Järpås
Varnhem
Takern
Uddevalla
Grästorp
Skultorp
Hjo
Omberg
Alvastra
Lysekil
Ljungskile
Vara
Stenstorp
Henån
Orust
Trollhättan
Falköping
Tidaholm
Ödeshög
Ellös
Nossebro
Floby
Stenungsund
Lilla Edet
Alleberg
Mollösund
Tjörn
Sollebrunn
Kinnarp
Visingsö
Tranås
Lödöse
Gränna
Älvängen
Alingsås
Mjörn
Gripenberg
Marstrand
Kungälv
Nol
Göta älv
Blidsberg
Habo
E6
E18
E20
E4

D
E
F
125
1
2
3
4
5
6
50 km
Ljusnan
Björåsarv
Norra Dellen
Bergsjö
Harmånger
Strömsbruk
Friggesund
Ljusdal
Södra Dellen
Färila
Järvsö
Delsbo
Hudiksvall
Hornslandet
Iggesund
Hudiksvallsfjärden
Orsjön
Undersvik
Nordsjö
Enånger
Agön
Mattsmyra
Arbrå
Gävleborgs
län
Hälsingland
Edsbyn
Bollnäs
Alfta
Kungsgården
Marma-skogen
Söderhamn
Bottenhavet
Selkämeri
Bergviken
Kilafors
Ljusne
Skog
Holmsveden
Gruvberget
Svabensverk
Axmar bruk
Lamborn
Åmot
Svartnäs
Ockelbo
Hamrånge
Vintjärn
Gästrikland
Trödje
Bjursås
Svärdsjö
Gävlebukten
Järbo
Gävle
Sundborn
Sandviken
Storvik
Valbo
Furuvik
Älvkarleby
Skärplinge
Öregrundsgrepen
Örskär
Runn
Hofors
Årsunda
Marma
Lövstabruk
Gräsö
Dalälven
Husby
Hedesunda
Hedesundafjärden
Söderfors
Forsmark
Södra Kvarken
Säter
Tierp
Hedemora
Horndal
Österfärnebo
Färnebofjärdens n.p.
Östhammar
Singö
Gysinge
Ullfors
Kerstinbo
Örbyhus
Gimo
Hargshamn
Avesta
Norra Barken
Tärnsjö
Tämnaren
Österbybruk
Alunda
Grisslehamn
Krylbo
Uppland
Hallstavik
Väddö
Norberg
Västmanlands
Vattholma
Skebobruk
Älmsta
Fagersta
UPPSALA
Almunge
Edsbro
Björkö
Vätö
Ängelsberg
Sala
Heby
Färjehundra
Linnés Hammarby
Mora Stenar
Erken
Norrtälje
Kappelskär
Gunnilbo
Ramnäs
Sunnersta
Rimbo
Örsundsbro
Skokloster
Skultuna
Ekolsund
Sigtuna
Lunda
Ängsö nat.park
Furusund
Blidö
Yxlan
VÄSTERÅS
Enköping
Märsta
Bergshamra
Kolsva
Väsby
Köping
Kolbäck
Mälaren
Tibble
Åkersberga
Ljusterö
Möja
Kungsör
Sollentuna
Täby
Roslagen
Arboga
Strängnäs
Fogdö
Sealön
STOCKHOLM
Drottningholm
Vindö
Gustavsberg
Runmarö
Eskilstuna
Mariefred
Birka
Värby
Saltsjöbaden
Gripsholm
Södertälje
Tyresta nat.park
Stockholms län
Hjälmaren
Södermanland
Tumba
Västerhaninge
Handen
Odensbacken
Asköping
Malmköping
Järna
Södertörn
Björnlunda
Ornö
Sköllersta
Läppe
Flen
Sorunda
Muskö
Vingåker
Båven
Ösmo
Utö
Södermanlands län
Trosa
Nynäshamn
Katrineholm
Tisnaren
Bettna
Långhalsen
Tullgarns slott
Torö
Regna
Yngaren
Askö
Långö
Ringsön
Nyköping
Kila
Finspång
Oxelösund
Krokek
Kolmården
Lövstad
Norrköping
Bråviken
Norsholm
Göta kanal
Roxen
Arkö
Söderköping
Arkösund
Stegeborg
Yxnö
Linköping
Borrum
Ringarum
Östergötlands
län
Finnö
Fångö
Valdemarsvik
Gryt
Åtvidaberg
Rimforsa
Broddebo
Edsbruk
Östra Ed
Kisa
Överum
Stora Askö
Åsunden
Hycklinge
Gamleby
Loftahammar
Rostock
Gdańsk
Visby
123
121
+1h Gr. Time
+2h Gr. Time
SUOMI
FINLAND
Åland (Ahvenanmaa)
Åland (Ahvenanmaa)
Geta
Ahvenanrauma
Storby
Eckerö
Jomala
Mariehamn (Maarianhamina)
Turku
Ålands Hav
Paldiski
Helsinki, Tallinn
Gotska Sandön (Sverige)
Nationalpark
Holmudden
Fårö

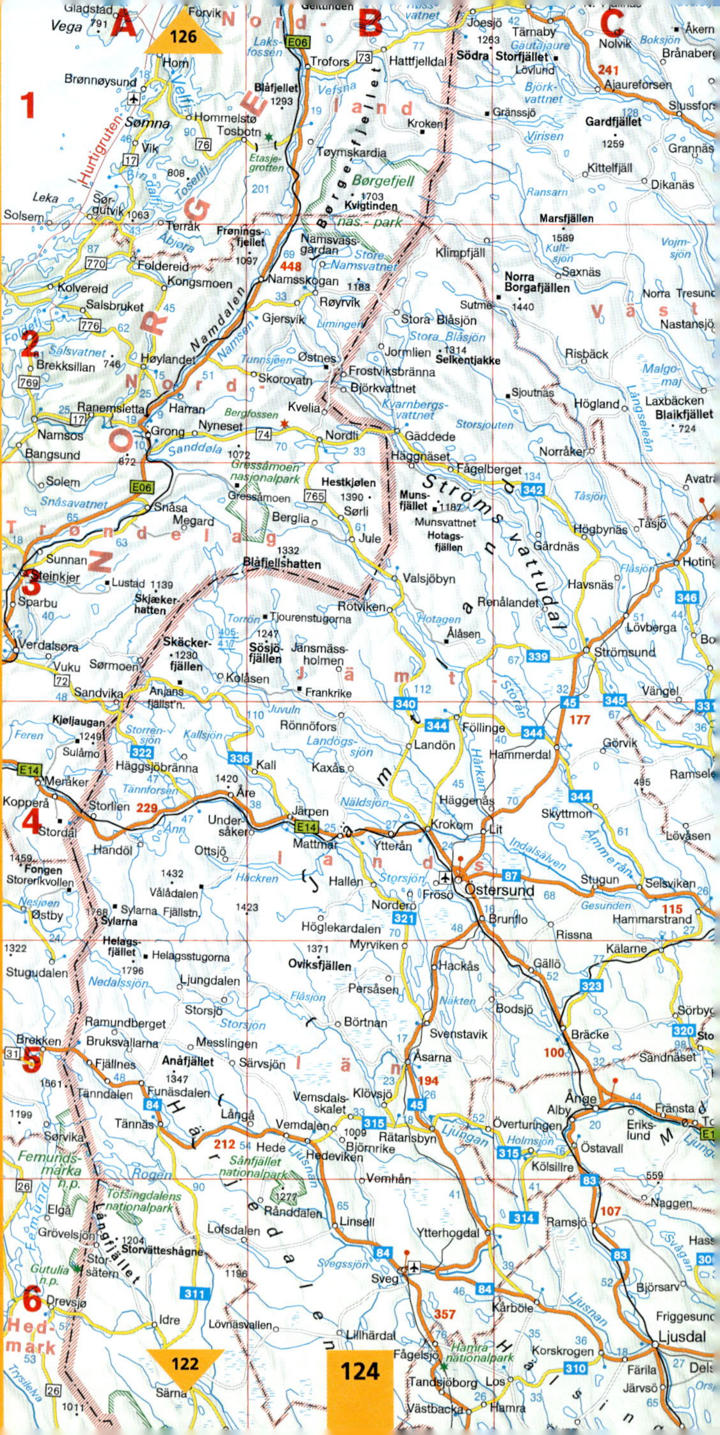

A
B
C
1
2
3
4
5
6
126
122
124
N o r d - T r ø n d e l a g
N O R G E
J ä m t l a n d s l ä n
H ä r j e d a l e n
V ä s t e r n o r r l a n d
Hed-mark
Vega
Brønnøysund
Sømna
Hurtigruten
Horn
Hommelstø
Tosbotn
Vik
Leka
Sør-gutvik
Solsem
Terråk
Foldereid
Kolvereid
Salsbruket
Kongsmoen
Høylandet
Namsos
Bangsund
Grong
Harran
Namsskogan
Trofors
Hattfjelldal
Børgefjell
Børgefjell nas.- park
Kvigtinden
Namsvassgardan
Røyrvik
Gjersvik
Skorovatn
Kvelia
Nordli
Gäddede
Frostviksbränna
Björkvattnet
Jormlien
Stora Blåsjön
Klimpfjäll
Saxnäs
Norra Borgafjällen
Marsfjällen
Ransarn
Kittelfjäll
Gardfjället
Dikanäs
Grannäs
Gränssjö
Kroken
Tøymskardia
Joesjö
Tärnaby
Södra Storfjället
Lövlund
Ajaureforsen
Novik
Åkern
Snåsa
Snåsavatnet
Steinkjer
Sunnan
Verdalsøra
Sparbu
Lustad
Skjækerhatten
Gressåmoen nasjonalpark
Hestkjølen
Sørli
Jule
Blåfjellshatten
Valsjöbyn
Rötviken
Munsfjället
Munsvattnet
Hotagsfjällen
Ström s vattudal
Gärdnäs
Högbynäs
Renålandet
Ålåsen
Strömsund
Hoting
Lövberga
Sösjöfjällen
Skäckerfjällen
Jänsmässholmen
Kolåsen
Frankrike
Meråker
Storlien
Åre
Järpen
Undersåker
Mattmar
Krokom
Östersund
Frösö
Brunflo
Hallen
Norderö
Föllinge
Landön
Hammerdal
Häggenås
Lit
Storsjön
Sylarna
Helags-fjället
Ljungdalen
Storsjö
Ramundberget
Bruksvallarna
Messlingen
Funäsdalen
Tänndalen
Tännäs
Vemdalen
Hede
Sveg
Lillhärdal
Ljusdal
Bräcke
Ånge
Svenstavik
Åsarna
Klövsjö
Rätansbyn
Hackås
Bodsjö
Gällö
Rissna
Hammarstrand
Ramsjö
Ytterhogdal
Kårböle
Idre
Särna
Drevsjø
Grövelsjön
Femundsmarka n.p.
Tofsingdalens nationalpark
Sånfjället nationalpark
Hamra nationalpark
Korskrogen
Ljusnan
Ljungan
Indalsälven
E06
E14

D
E
F
127
Stor-vindeln
Storavan
Avaviken
Slagnäs
Arvidsjaur
724
Vittjäkk
Storberg
155
161
94
Lauker
Vistheden
516
Klöverträsk
Gammelstaden
Antnäs
Luleå
E04
Sikfors
374
Kolerträsk
Kopparnäs
Rosvik
1
Jiltjer
Sorsele
Abborrträsk
Abyälven
Långträsk
Roknäs
Piteå
Vargön
373
Silvervägen
Myrheden
Storjuktan
Blattnicksele
Adak
Skellefteälven
Gargnäs
Glommersträsk
Hemmingsmark
136
Jävre
363
Juktfors
Malå
Storklinten
515
141
95
Byskeälven
Fällfors
Ålundsby
Gubbträsk
Vindelälven
365
Stavaträsk
Åbyn
3
Storuman
Kristineberg
370
Malån
Jörn
Stensele
Umeälven
Gunnarn
Björksele
Byske
Åskiljeby
Norrby
Norsjö
Kåge
Boliden
45
Skellefteå
95
b o t t e n s
l ä n
Rusele
Ruskträsk
Rusksele
Lidsträsket
Bastuträsk
Medle
17
Pauträsk
Kattisavan
Skråmträsk
Skelleftehamn
2
363
Bureå
360
234
365
Kalvträsk
Åsträsk
364
Burvik
Latikberg
Lycksele
Arvträsk
Bjuröklubb
Åmsele
Burträsk
Vallen
Kroksjö
Stöttingfjället
662
Vägsele
Knaften
Strycksele
Bygdeträsket
Bygdsiljum
Lövånger
Meselefors
Rickleån
118
41
90
365
Lillögda
Hällnäs
Botsmark
Ånäset
Gideälven
Umeälven
Vindelälven
Vindeln
Sävarån
E04
Grano
Robertsfors
50
353
Åsele
Tallsjö
Örträsk
363
364
Bygdeå
3
Tvärålund
Tavelsjö
Fredrika
Björnlandets nationalpark
Gavsele
163
Ångermanbalen
487
E12
Vännäsby
Stornorrfors
Hälla
Tegelträsk
92
Bjurholm
Sävar
Västra Kvarken
Hällby-magasinet
581
Hästryggen
Lögdeälven
Vännäs
Sörfors
Gemmlia
Umeå
353
Holmön
Solberg
Norrfors
Hörnsjö
Ångermanälven
Gideån
Nyåker
Sörmjöle
E12
18
Ängesön
Holmsund
Trehörningsjö
Obbola
Hemling
Hörnefors
348
Myckelgensjö
Norra Kvarken
Merenkurkku
B
140
n g e r m a n l a n d
Gideå
Nordmaling
Storsjön
Björna
Järnäsklubb
Hällristn.
Bredbyn
352
Degerfjärden
3
Björköby
Aspeå
Skorped
Mellansel
Björkön
Replot
Ralppaluoto
4
189
Husum
V ä s t e r n o r r l a n d s
Billsta
Arnäsvall
Vallgrund
Korsholm (Mustasaari)
Forsmo
335
Örnsköldsvik
Södra Vallgrund
Bjästa
Skagshamn
Sollefteå
Köpmanholmen
Vaasa (Vasa)
Ångermanälven
Boteå
42
Graninge
90
Dockstad
Skuleskogens nationalpark
Nyland
Ullånger
Ulvöhamn
Bergö
Bollstabruk
Ullångersfj.
Malax (Maalahti)
Mjällom
Kramfors
Lugnvik
Bönhamn
Petalax (Petolahti)
50
Lunde
l ä n
Korsnäs
Pörtom Pirttikylä
331
Ramvik
Nordingrå
295
S U O M I
F I N L A N D
Viksjö
Torrfjärden
Liden
E04
Hemsö
Övermark
5
Ljustorp
86
Härnösand
E08
Indal
89
Närpes
3
Timrå
Söråker
Sundsvall
Vi
Alnön
Kaskinen
Tjöck
Sundsvallsbukten
Kristinestad
Kristiinankaupunki
Lappfjärd
Njurunda
E04
Brämön
Ömossa
Bottenviken
Bottenhavet
Malungen
Gnarp
Kasala
6
Bergsjö
Harmånger
Merikarvia
50 km
Strömsbruk
Södra Dellen
Hudiksvall
Iggesund
Hornslandet
125
123

A
B
C
1
2
3
4
5
6
Vesterålen
Bleik
Nordmela
Andøya
Andfjorden
Kaldfarnes
Ånderdalen nasjonalpark
Silsand
Finnsnes
Seljelvnes
Sørreisa
Moen
Brøstadbotn
Andselv
Målselvfossen
Risøyhamn
Åse
Sjursvik
Bjarkøy
Stonglandet
Myre
Grøtavær
Grytøya
Dyrøya
Løksa
Andørja
Sjøvegan
Setermoen
Langøya
Harstad
Ibestad
Myrlandshaug
Tennevoll
Straumsjøen
Børkenes
Rolla
Sortland
Sigerfjord
Kilbotn
Sørrollnes
Grovfjord
Steine
Guvåg
Innset
Fossbakken
Steinsland
Stokmarknes
Hadseløya
Hinnøya
Møysalen
Gullesfjordbotn
Ramnes
Bogen
Narvik
Rivtind
Bjerkvik
Kaljord
Melbu
Kongselva
Tjeldøya
Lødingen
Ofotfjorden
Vadvetjåkka n.p.
Björkliden
Riksgränsen
Lofoten
Fiskebøl
Austvågøy
Ytterstad
Kjeldebotn
Beisfjord
Abisko nat.-p.
Abisko
Torneträsk
Vestvågøy
Trolltindan
Digermulen
Ballangen
Skjomen
Storsteinfjellet
Leknes
Svolvær
Kabelvåg
Skarberget
Frostisen
Kåtotjåkka
Henningsvær
Stamsund
Ballstad
Tranøy
Ulvsvåg
Hamarøy
Kjøpsvik
Rysfjorden
Skutvik
Engeløya
Finnøya
Gicceċokka
Ålstad
Vestfjorden
Sitasjaure
Kebnekaise
Singistugorna
Kebnekaisefjällst.
Nikkaluokta
Hellnessund
Nordfold
Hellemobotn
Mørsvikbotn
Ritjemjåkk
Vaisaluoktastugan
Akkajaure
Kraktinden
Helldalisen
Gaskacokka
Stora Sjöfallets n.p.
Stora Sjöfallet
Satihaure
Hurtigrute
Gammelt handelssted
Folda
Tårnvik
Styrksvik
Kisurisstugan
Akkavare
Padjelanta
Vietas
Helligvær
Moskenes
Røst, Sørværøy
Landegode
Røsvik
Rago nas.-park
Vastenjaure
Festvåg
Virihaure
national-park
Stortoppen
Løding
Bodø
Bliksvær
Straumen
Fauske
Staloluoktastugorna
Sareks nationalpark
Saltoluoktafjällst.
Sitojaurestugorna
Sitojaure
Saltfj.
Sandhornøy
Skjerstad
Sulitelma
Sulitjelma
Pårtefjällen
Lekanger
Misvær
Bejarn
Inndyr
Rognan
Balvatnet
Pieskehaurestugan
Pieskehaure
Tarrajåkkå
Tjaktjajaure
Vesterli
Saltdal
Høgtind
Ørnes
Kvikkjokk
Tjåmotis
Glomfjord
Storjord
Mavasjaure
Riepentjåkkå
Saggat
Skalka
Randijaure
Ølfjellet
Bierdnaċokka
Piteälven
Barturte
Kilvik
Saltfjellet
Leiråmoen
Svartisen
Silvervägen
Kaisetjåkkå
Karatj
Karats
Reppen
Stødi
Tjeggelvas
Polcirkeln
Melfjordbotn
Svartisdalen
Fierras
Ballasviken
Riebnes
Stenudden
Grønligrotten
Storforshei
Nasafjäll
Sädvajaure
Vuonatjviken
Høgtuvbreen
Pieljekaise nationalpark
Jäkkvik
Vuolvojaure
Rappen
Ranaelva
Toftlia
Mo i Rana
Hemnesberget
Storakersvatnet
Adolfsström
Lövnäs
Gittun
Melkfjellet
Svaipavalle
Hornavan
Bjerka
Dalavardo
Vindelälven
Laisvall
Korgen
Rerrogaise
Arjeplog
Svannäs
Rossåga
Stabbfossen
Overuman
Båtsjaur
Okstindan
Norra Storfjället
Ammarnäs
Uddjaure
Bleikvassli
Nymoen
Rönnäs
Syterstugan
Laisälven
Östansjö
Gillesnuole
Mellanström
Geittinden
Varntresk
Västansjö
Överstjuktan
Rossvatnet
N. Fjällnäs
Mareelund
Skansnäs
Storvindeln
Joesjö
Tärnaby
Nolvik
Åkernäs
Storavan
Avaviken
Gäutajaure
Boksjön
Hattfjelldal
Södra Storfjället
Lövlund
Brånaberg
Slagnäs
Arvidsjaur
Björkvattnet
Ajaureforsen
Danasjö
Jiltjer
Sorsele
Storberg
Gränssjö
Kroken
Gardfjället
Slussfors
Storjuktan
Virisen
Storjuktan
Blattnicksele
Adak
Skellefteälven
Grannäs
Strömsund
Gargnäs
Børgefjell
Kittelfjäll
Kvigtinden
nas.-park
Dikanäs
Juktfors
Gubbträsk
Malå
Marsfjällen
Storuman
Norge
Sverige
Lappland
124
126

D
E
F
Oteren
1360
Otertind
Rognli
Halti (Haldi)
Kahperusvaarat (Kahperusak)
1144
Reisa nasjonalpark
Mieron
Lappo
Karasjokka
Jorgastak
Gosjokka
Kautokeino
31
Treriksroset
Kilipsjärvi (Gilbbesjavri)
1029
Saana
Paltsan
1444
Tverrelvmo
Kumma-vuopio
112
21
158
Finnmark
632
Lavvoaivve
Basse-vuovdde
580
Gurbiš
Angeli
Øvre Anarjåkka nasjonalpark
43
93
Aiddejavrre Fjellstue
Anarjohka
1
Ropi (Roahppi)
945
Råstojaure
Könkämäeno
Könkämäälven
Lätäseno
Øvre Dividal nasjonalpark
633
E08
Palojärvi (Bálojávri)
Kalmankaltio
Lemmenjoen kans. puisto
Lisma
Kiepanjaure
1120
Tsåktso
Leinavatnet
Pulsujärvi
Lainioälven
Maunu
Kaaresuvanto (Karasavvon)
36
93
Enontekiö (Enodak)
Nunnanen Njunnas
Karesuando
38
Peltovuoma
Idivuoma
Kuttainen
Palojoensuu
Ounastunturi
723
Laimoluokta
Raketskjutfält
45
Paittasjärvi
99
21
Pallas-ja Ounastunturin kansallispuisto
2
Tjålme
81
E08
Pallastunturi
807
Raattama
Pallasjärvi
Övre Soppero
109
Lannavaara
572
Yli-Muonio
Tepasto
200
Rensjön
836
Vittangivaara
136
Saatukkavaara
Muodoslompolo
Muonio
Lapin
Kurravaara
90
79
Kiistala
Kiruna
Kirunavaara
Jukkasjärvi
Esrange (Raketbas)
Särkijärvi
Sirkka
Holmajärvi
Lainio
Kitkiöjoki
Parkalompolo
Kangosjärvi
75
Lääni
Muonionjoki
Muonioälven
1001
Kalixforsbron
48
Torneälven
27
Vittangi
Oksajärvi
96
Kittilä
Kihlanki
Äkäslompolo
80
Kalixälven
Svappavaara
395
Keräntöjärvi
Ylläsjärvi
Kaitum
45
Parakka
Kangos
Äkäsjokisuu
Kaukonen
3
Fjällåsen
Killinge
Puoltikasvaara
66
Masugnsbyn
Junosuando
Aareavaara
E08
Kurtakko
79
82
99
Kolari
Harrå
819
Tjautjas
Skaulo
E10
105
Saittarova
Käymäjärvi
44
403
21
Ruokojärvi
Lohiniva
Norrbottens
23
Anttis
Pajala
Malmberget
Koskullskulle
Nilivaara
Tärendö
Sieppijärvi
Gällivare
820
Dundret
13
63
Leipojärvi
Ullatti
88
394
Kainulasjärvi
55
392
349
Ounasjoki
Muddus nationalpark
709
Porjus
Jarhois
59
65
327
Hakkas
Linaälven
Lahnajärvi
Korpilombolo
401
Aapua
Konttajärvi
4
40
103
45
Stora Luleälven
Nattavaara
112
Etu-Aapua
Valkeakoski
Pello
83
Raanujärvi
Rantajärvi
Jock
E08
77
176
Keskikoski
Lansjärv
54
52
Juoksengi
Miekojärvi
Iso-Vietonen
Jokkmokk
542
Kuouka
Råneälven
Polcirkeln
Ängesån
67
Jänkisjärvi
Juoksenki
Meltosjärvi
L. Luleälven
Murjek
Kalix
47
242
Mellakoski
97
Vuollerim
Vuottas
405
Vitberget
Gyljen
98
Övertorneå
Miekojärvi
Ylitornio
75
Luleälven
Sudok
Överkalix
skydds-
Hedenäset
21
70
157
Lakaträsk
Hällforsen
Tornionjoki
134
Kalixälven
Sangisälven
Varejoki
E75
Kåbdalis
Puottaure
164
32
E10
398
Tervola
Edefors
Gunnarsbyn
Morjärv
omr.
Karungi
Karunki
5
352
Svartlå
Niemisel
19
Korpikå
Arpela
Itäkoski
374
63
Raggdynan
Kattilasaari
E08
Bodens skydds-omr.
356
Töre
Börjelsbyn
99
Tornio
Keminmaa
82
Bredsel
Vidsel
Råneå
148
Kalix
Sangis
E04
Piteälven
Smedsbyn
Rånefj.
78
Haparanda
Pirkkiö
Storforsen
Boden
Sundom
Nyborg
Karlsborg
24
Kemi
E08
64
26
97
Persöfj.
36
Bergön
Råneå
Seskarön
Seskarö
Veitsiluoto
Auktsjaure
102
Vistheden
42
17
Kyrkestad
Harufjärden
Gunnarsfjärden
Perämeren kans.puisto
94
Lauker
161
Älvsbyn
94
Avan
Gammelstaden
8
Bensbyn
Hertsön
Sandskär
Haparanda skärgårds nationalpark
516
Klöverträsk
45
Luleå
Gräsön
+1h Gr. Time
+2h Gr. Time
Sikfors
50
Antnäs
14
Sandön
50 km
Abborrträsk
Kolerträsk
374
E04
Germandön
6
Åbyälven
Kopparnäs
38
106
Rosvik
10
Långträsk
Roknäs
Silvervägen
Myrheden
373
3
Piteå
Bottenviken
127
125
Hailuoto (Karlö)
Perämeri
365
62
Storklinten
Hemmingsmark
136
Byskeälven
Fällfors
Ålundsby
Jävre
95
515
Hailuoto

Sie finden hier alle erwähnten Orte und Ausflugsziele sowie einige wichtige Namen verzeichnet. Halbfette Seitenzahlen verweisen auf den Haupteintrag, kursive auf ein Foto.

Schreiben Sie uns!

Liebe Leserin, lieber Leser,

wir setzen alles daran, Ihnen möglichst aktuelle Informationen mit auf die Reise zu geben. Dennoch schleichen sich manchmal Fehler ein – trotz gründlicher Recherche unserer Autoren/innen. Sie haben sicherlich Verständnis, dass der Verlag dafür keine Haftung übernehmen kann. Wir freuen uns aber, wenn Sie uns schreiben.

Senden Sie Ihre Post an die MARCO POLO Redaktion, MAIRDUMONT, Postfach 31 51, 73751 Ostfildern, info@marcopolo.de

Impressum

Titelbild: Häuser in Westschweden (Transglobe: Hytrek)
Fotos: J. Fischer (31); R. Freyer (7, 12, 32, 35, 38, 46, 68); S. Gabriel (2 o., 2 u., 5 r., 52, 55, 102); U. Haafke (27, 44, 62, 97, 100); HB Verlag (U. r.); HB Verlag: Kiedrowski, Koshofer, Schwarz (15, 106), Modrow (84), Riehle (5 l., 28, 37, 40, 43, 57, 66, 71, 92); G. Jung (25); Laif: Galli (16, 76, 86), Riehle (69); laif: Meier (6, 62, 74); La Terra Magica: Lenz (4, 18, 20, 45, 73); T. Kliem (U. M., 1, 22, 39, 49, 51, 91, 98); Mauritius: Aourell (9), Hansson (U. l., 72), Vidler (26); C. Nowak (24, 56, 60, 78, 83, 89, 95, 105); K. Thiele (85); Transglobe: Hytrek (117), Svensson (50)

1. (10)., komplett neu erstellte Auflage 2006 © MAIRDUMONT, Ostfildern
Herausgeber: Ferdinand Ranft, Chefredakteurin: Marion Zorn
Redakteurin: Karin Liebe, Bildredakteurin: Gabriele Forst
Kartografie Reiseatlas: © MAIRDUMONT/Falk Verlag, Ostfildern
Vermarktung: MAIRDUMONT MEDIA, media@mairdumont.com
Gestaltung: red.sign, Stuttgart
Sprachführer: in Zusammenarbeit mit Ernst Klett Sprachen GmbH, Stuttgart, Redaktion PONS Wörterbücher

Printed in Germany. Gedruckt auf 100% chlorfrei gebleichtem Papier

Bloß nicht!

Auch in Schweden gibt es Verhaltensweisen, die Sie lieber lassen sollten

Ein Privathaus ungefragt mit Schuhen betreten

In den Winter- und Herbstmonaten ist es in Schweden sehr feucht, und das Schuhwerk wird häufig schmutzig. Es ist deshalb üblich, Wohnungen nicht mit Schuhen zu betreten. Sie sollten vorher immer fragen, ob die Schuhe ausgezogen werden sollen.

Elchschilder abmontieren

Touristen, die Warnschilder vor die Fahrbahn querenden Elchen abmontieren, machen sich nicht nur strafbar, sondern auch äußerst unbeliebt. Die Elchschilder mögen zwar ein außergewöhnliches Souvenir sein, doch das Ansehen der Touristen bei den Einheimischen steigt dadurch nicht gerade.

Die schwedische Ordnungswut kritisieren

Schweden schätzen es, wenn alles wie am Schnürchen läuft. In der Post, dem staatlichen Alkoholladen und an der Käsetheke wird nur bedient, wer zuvor ein *nummerlapp* gezogen hat. Sich über das System zu mokieren, ist ein Affront. Genauso wenig sollten Sie sich darüber lustig machen, dass die Schweden das Prinzip »Rechts stehen, links gehen« auf der Rolltreppe auch dann beherzigen, wenn es wahnsinnig voll ist und alles schneller gehen würde, würde die gesamte Treppe belegt.

Über die schwedische Alkoholpolitik diskutieren

Zwar stehen längst nicht alle Schweden hinter der strengen Alkoholpolitik ihres Landes, doch sie mögen es nicht, wenn sich Besucher darüber mokieren. Das wird als grundsätzliche Kritik am schwedischen System und damit am ganzen Land verstanden. Bier mit einem Alkoholgehalt von mehr als 3,5 Prozent sowie Wein und Spirituosen dürfen nur in den Läden der staatlichen *Systembolaget*-Kette verkauft werden. Diese verlangen gesalzene Preise und haben zudem nur eingeschränkte Öffnungszeiten. So soll dem Alkoholismus vorgebeugt und gleichzeitig die Staatskasse gefüllt werden. Tatsächlich trinken die Schweden im EU-Vergleich wenig.

Påtår bestellen

Die schwedischen Gastronomen haben die Kultur des kostenlosen Nachschenkens aus den USA übernommen *(påtår)*. Wer für einen Kaffee bezahlt, darf oft beliebig viele Male seine Tasse nachfüllen. Leider lässt die Qualität des schwedischen Kaffees erheblich zu wünschen übrig. Meist wird er in großen Mengen gekocht und steht dann stundenlang auf der Heizplatte. Deshalb lieber frischen Espresso oder Milchkaffee bestellen als günstigen, aber abgestandenen Kaffee.